Los 12 meses del huerto

Adriana Crespi

LOS 12 MESES
DEL HUERTO

dve
PUBLISHING

Ilustraciones de Juan Castaño.

© Editorial De Vecchi, S. A. 2018
© [2018] Confidential Concepts International Ltd., Ireland
Subsidiary company of Confidential Concepts Inc, USA
ISBN: 978-1-64461-094-7

Índice

Introducción

Cuenta la leyenda que Adán fue el primer horticultor y, desde entonces, al menos una vez en la vida, todo hombre ha deseado cultivar un campo con sus manos. Este libro va dirigido a todos aquellos que nunca se han decidido a cultivar un huerto y a los que, habiendo intentado hacerlo sin preparación ni guía, han llegado a la conclusión de que todos, excepto ellos, están dotados del famoso «pulgar verde».

Desgraciadamente, la realidad biológica y ecológica de nuestra existencia se ha ido perdiendo a lo largo del camino que conduce a la jungla de asfalto de la civilización urbana, y hemos acabado por desentendernos de todo aquello que, sin embargo, está ligado a nuestra supervivencia.

Seguramente, muchos de nosotros hemos tenido abuelos o bisabuelos que vivían de la tierra, dependiendo completamente de ella, y tal vez de aquí venga nuestra nostalgia de un tipo de cocina campesina, de los productos frescos del huerto, incluso de una casa rústica. Por ello, rechazamos inconscientemente los alimentos envasados, manipulados y elaborados que despiertan en nosotros el deseo de volver a la «buena y sencilla vida natural».

Pues bien, las normas para establecer el equilibrio ecológico son sencillas. Si buscamos alimentos que no contengan conservantes, podemos organizar un pequeño huerto con un poco de ingenio e imaginación y producir nuestras provisiones personales de frutas y de hortalizas con la ayuda de algunos productos químicos, conservándolas, después, de la manera más adecuada. De este modo, tendremos la gran satisfacción de recoger lo que hemos sembrado o plantado, a la vez que nos divertimos y hacemos ejercicio. Durante algunas horas nos olvidaremos de las preocupaciones del quehacer diario, tan perjudiciales en la mayoría de los casos para los que se dedican a los llamados «trabajos sedentarios».

Por otra parte, el mundo vegetal puede parecer misterioso a quien no ha practicado nunca la horticultura. Sin duda, cultivar es un arte, y si se quiere tener éxito no se deben olvidar los principios esenciales. De cualquier modo, la perseverancia siempre tiene premio.

El presente volumen pretende ser una guía detallada de los trabajos que deben hacerse en el huerto a lo largo de los meses. Las explicaciones están precedidas por unas generalidades relativas al suelo y a las técnicas de cultivo y por algunos capítulos dedicados a los enemigos del huerto y a las técnicas para combatirlos, seguidos por el cultivo de las hortalizas, de los árboles frutales, de las plantas aromáticas y medicinales que, a simple vista, parecen inadecuadas para ser cultivadas en el huerto, pero que en realidad son muy útiles, porque con ellas pueden prepararse decocciones, tisanas, mermeladas o jarabes de fácil elaboración. Además, hemos considerado útil hablar del champiñón y de la trufa, cuyo cultivo es interesante y muy divertido.

¿Disponemos de un trozo de tierra? Si no es así, no debemos preocuparnos. Podemos cultivar nuestras verduras bajo techumbre, en una terraza, en un balcón y, eventualmente, hasta sin tierra, gracias al método de cultivo hidropónico.

¡Valor y buena suerte!

El suelo y las técnicas relativas al cultivo

Análisis, preparación y cultivo del suelo

Después de haber limpiado con sumo cuidado el suelo de raíces, zarzas, ortigas y otras malas hierbas cuyo vigoroso crecimiento resiste una limpieza superficial, es necesario remover la tierra profundamente.

A continuación, se debe analizar con la finalidad de mejorarla y enriquecerla.

Dicho análisis se hará en un laboratorio y en él se tendrá en cuenta el clima, la exposición al sol y al viento, la zona de donde procede dicha tierra, y la posibilidad de tener cerca una cantidad suficiente de agua destinada al riego.

Sin embargo debemos señalar que, si por una parte dichos análisis informan sobre la naturaleza del suelo, por otra, la observación de las plantas silvestres y, más simplemente de un poco de tierra, proporcionan datos muy interesantes.

En la vida de la tierra, los microorganismos —que se multiplican en grandes proporciones y a una velocidad increíble— desempeñan un papel importantísimo, ya que dan lugar a un proceso de transformación de las materias orgánicas y de los alimentos que pueden ser empleados por las plantas.

Los elementos más importantes de la tierra son: el *nitrógeno,* el *fósforo,* el *potasio* y el *calcio.* Según predomine uno u otro, la reacción de la tierra puede ser *ácida, neutra* o *alcalina,* y se indica con las siglas pH.

La escala numérica del pH va del 0 al 14; por encima del 7, se tienen suelos alcalinos o muy alcalinos; por debajo del 7, suelos ácidos o muy ácidos.

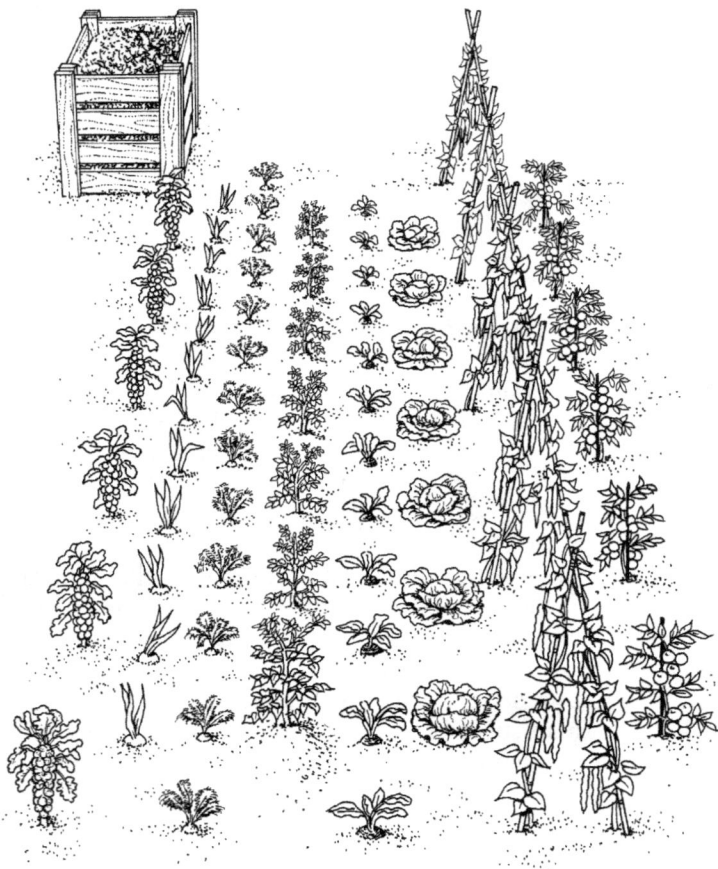

Ejemplo de huerto con muestras de suelo para analizar

Por otra parte, el suelo puede ser *silícico* —es decir, arenoso— con pocas posibilidades de absorber agua; este tipo de suelo es muy seco, debe regarse a menudo y abonarse de vez en cuando. Cuando es *calcáreo* —es decir, compuesto por fragmentos de rocas calcáreas— tiene un color claro y debe enmendarse con grandes cantidades de sustancias orgánicas. El suelo *arcilloso,* llamado así porque la proporción de arcilla es superior al 50 %, debe cultivarse cuando los terrones se desmenucen con facilidad, si bien conviene enmendarlo con estiércol o arena. Finalmente, hay suelos *semisueltos,* de color oscuro, que se agrietan con facilidad y retienen las sustancias nutritivas conservando la humedad; son los más convenientes para el huerto.

Sin embargo, en líneas generales, sería más prudente conformarse con la tierra que se tenga y recurrir a las especies que crezcan bien antes de emprender una transformación demasiado costosa y que no nos garantizaría mejoras sustanciales. En cambio, es indispensable cuidar la tierra para que dé a las diversas plantas las sustancias necesarias para su desarrollo.

El abonado

Ya que el suelo se empobrece con el paso del tiempo, es necesario abonarlo para que recobre sus elementos fertilizantes y las plantas puedan desarrollarse perfectamente.

Los abonos orgánicos

Generalmente se trata de excrementos de caballo, vaca, cerdo, oveja, conejo, gallina y otros animales (estiércol), así como deyecciones humanas (pozos negros) y turba, harina de pescado, sangre fresca del matadero, o cuernos y pezuñas triturados de animales.

El montón de estiércol no debe estar cerca de las plantas ya que, al despedir calor, existe el peligro de que las queme, pues produce una temperatura que alcanza los 90 °C.

Cuando no sea posible encontrar estiércol o haya poco, es necesario construir un recipiente donde puedan recogerse todos los residuos de fruta podrida, hojas secas, cáscaras de legumbres, etcétera. Estos detritus, regados con regularidad, formarán un buen abono, llamado *compuesto* o *mantillo,* al que no hará falta añadir productos químicos. Cuando la tierra proviene de la composición de estiércol recibe el nombre de *dulce*; en cambio, cuando está compuesta de residuos vegetales se denomina *ácida*. Los abonos orgánicos se distinguen entre fermentados y poco fermentados, según se empleen esparcidos sobre la tierra o enterrados.

Los abonos inorgánicos

Se obtienen químicamente con nitrógeno, potasio o fosfatos. Pueden comprarse en los comercios especializados o en las cooperativas agrícolas, cuyos empleados darán al horticultor los consejos adecuados para el empleo de los distintos productos. Los más empleados son los abonos nitrogenados, fosfatados, calcáreos, potásicos y compuestos.

LOS ABONOS NITROGENADOS

Contienen nitrógeno en diversas proporciones. Los abonos de efecto rápido están compuestos de *nitrato de calcio* y de *nitrato de sodio* y se esparcen sobre el suelo de cultivo cuando las plantas están en fase vegetativa. Los de efecto retardado, por otra parte, están compuestos de *sulfato amónico, cianamida cálcica* y *nitrato amónico* y se esparcen también sobre el terreno de cultivo antes de la siembra.

El nitrato potásico y el sulfonitrato son los abonos más utilizados por su riqueza de componentes: el primero está formado por nitrógeno (93 %) y óxido de potasio (4 %) y el segundo por nitrógeno (27 %), amoníaco (50 %) y el resto de compuestos nítricos.

LOS ABONOS FOSFATADOS

Se encuentran en los comercios como residuos fosfáticos de la industria siderúrgica y son: los *perfostatos minerales*, que contienen fósforo en forma soluble, y las *fosforitas,* en las que el fósforo está combinado con el calcio.

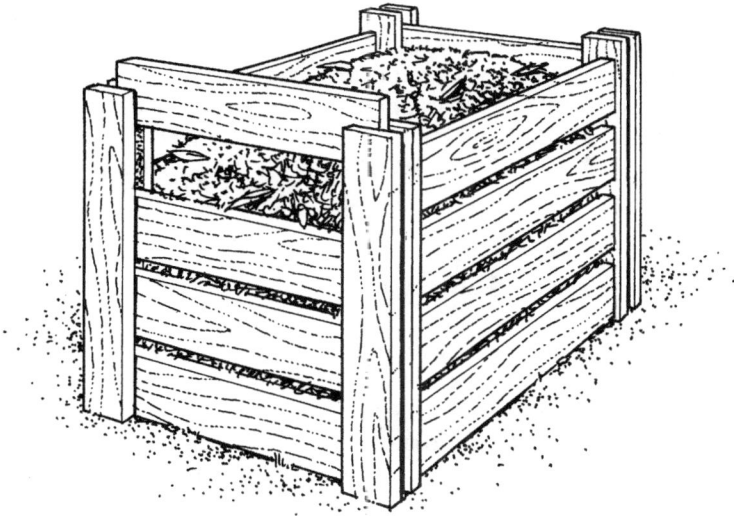

Preparación de abonos

LOS ABONOS CALCÁREOS

Por lo general suele ser cal viva, presentada en forma de terrones o en polvo.

LOS ABONOS POTÁSICOS

Se encuentran en los comercios con diversos nombres y contienen un 62 % de óxido potásico. El *sulfato potásico* contiene un 50 % de óxido potásico.

LOS ABONOS COMPUESTOS

Si contienen dos elementos fertilizantes se llaman *binarios* y si tienen tres, *ternarios*. Estos abonos son muy apreciados por su facilidad de transporte y almacenaje, a la vez que contienen di-

17

versos elementos nutritivos. Se distinguen por los números que indican los porcentajes de nitrógeno, fósforo y potasio que contienen. Por ejemplo, un abono ternario 20-10-10 contiene un 20 % de nitrógeno, un 10 % de fósforo y un 10 % de potasio. Los abonos binarios 25-10, 8-13, 15-0-25 y 18-47, así como los ternarios 7-10-9, 20-10-10, 11-22-16 y 20-10-10, son los más indicados para la horticultura.

Indicaciones para el abonado

En líneas generales, en lo referente a la mejoría o el enriquecimiento del suelo, se procederá de la siguiente manera:

a) si el suelo es demasiado alcalino (de tipo calcáreo, silícico o arcilloso) y con un pH superior a 7,4, se abonará anualmente, con turba ácida (de 250 a 450 g/m^2), con estiércol de bovino y yeso (250 g/m^2) y se emplearán como fertilizantes mantillo y nitrato amónico o sulfato potásico;
b) si la tierra es demasiado ácida (de tipo silícico y arcilloso) y con un pH inferior a 5 o 6, se enriquecerá con cal;
c) si la tierra es demasiado ligera (de tipo permeable y bien drenada) y con un pH superior a 7,4, se abonará anualmente con turba (de 250 a 850 g/m^2), que debe enterrarse con estiércol de vacuno descompuesto (3 kg/m^2) y con fertilizantes. El nitrógeno nítrico o amoniacal debe emplearse cuando empiecen a crecer las hortalizas;
d) si la tierra es demasiado pesada (difícil de roturar, dura en verano y fangosa en invierno) y con un pH inferior a 7,5, se abonará cada dos años con estiércol muy descompuesto (10 kg/m^2) mezclado con cal o abonos vegetales procedentes de plantaciones de leguminosas ricas en nitrógeno y potasio.

Las herramientas

Las herramientas necesarias para el cultivo deben conservarse en un local seco y limpiarse y engrasarse después de su uso. En el mismo local, a fin de protegerlas de la humedad, también pueden guardarse los fertilizantes, los bulbos, las bolsitas que contienen las semillas, los guantes y los zapatos que se usen para trabajar en el huerto.

La lista que presentamos a continuación la integran todas aquellas herramientas que deben utilizarse para el cultivo del huerto. Sin embargo, para empezar, basta con comprar las cinco primeras.

Azada: de hoja triangular, cuadrada o trapezoidal; sirve para remover la tierra. La que se emplea para turba tiene una empuñadura en forma de anillo que, de esta manera, permite cogerla más fuerte.

Azadón: sirve para trabajar la parte superficial del suelo. El de punta cuadrada sirve para romper los terrones; el rectangular para trazar surcos.

Rastrillo: sirve para aplanar la tierra y desmenuzarla después de pasar la azada, mientras va eliminando las hojas secas y remueve la arena.

Horquilla: se emplea para trabajar la tierra pedregosa, dura y compacta, y remover el estiércol y la tierra con los que se prepara el mantillo. Puede sustituir al azadón.

Trasplantador: se emplea para separar las plantitas que deban trasplantarse a otro lugar con el cepellón.

Carretilla: se usa para transportar tierra, materiales de desecho, macetas o herramientas pequeñas. Puede ser de madera, metal o plástico.

Escardador: sirve para romper la tierra y arrancar las malas hierbas de raíz.

Pisón (o aplanadera): consiste en una tabla de madera con un mango central que se emplea para apretar la tierra después de esparcir las semillas, a fin de que el viento o la lluvia no las dispersen.

Criba: sirve para tamizar las semillas, las piedras y la arena; está formada por un aro de madera cubierto por una tela metálica más o menos espesa.

Binador: sirve para cortar las malas hierbas.

Pala: se utiliza para transportar y cargar en la carretilla la tierra y todo aquello que deba eliminarse.

Podadera: servirá para podar y eliminar las ramas secas.

Podadera pequeña: sirve para cortar las ramas más pequeñas.

Canasto: se emplea para guardar las hortalizas recogidas; debe evitarse que se chafen o se enmohezcan.

Hoz: sirve para cortar la hierba.

Cortadora de césped: existen diversos tipos más o menos modernos.

Tijera (mecánica): sirve para cortar ramas. Tiene la forma de unas grandes tijeras.

Tutores: sirven para sostener las plantas jóvenes y delicadas a fin de que no sean derribadas por el viento o la lluvia. Pueden ser de madera o metal. Las plantas se sujetan por medio de hilos de rafia u otros materiales que no las dañen.

Rótulos: se colocan en el sitio adecuado para indicar el nombre de las hortalizas y la fecha de siembra. Pueden ser de madera o de plástico.

Bramante: servirá para atar, sostener o delimitar; puede ser de cáñamo o de plástico.

Cinta métrica: sirve para fijar las distancias y los límites al trazar los surcos; debe tener 3 m como mínimo.

Guantes: protegen las manos cuando se usan las herramientas o se manipula la tierra al transplantar las plantas en otros trabajos del huerto. Pueden ser de cuero o algodón fuerte.

Zuecos: son muy útiles en los trabajos del huerto; pueden sustituirse por botas de goma.

Cubo: tiene diversos usos. Puede ser metálico o de plástico.

Manguera: es un tubo flexible, de diámetro pequeño, de goma o de plástico, en cuyo extremo puede introducirse un empalme adecuado para nebulizar el agua.

Irrigador giratorio: para distribuir el agua en forma de lluvia; provisto de brazos giratorios.

Bomba de riego: para distribuir el agua regando.

Regadera: puede ser metálica o de plástico; grande o pequeña; provista de una boquilla agujereada que permite la distribución del agua en forma de lluvia y de un tubo prolongador que se coloca en el extremo para regar con un chorrito de agua.

Pulverizadores: sirven para distribuir los antiparasitarios y lavar las hojas; tienen forma de pequeñas regaderas provistas de un cilindro metálico, con un émbolo para que salga el líquido.

El trazado del huerto

En esta fase, el horticultor debe hacer el trabajo de un arquitecto cuando proyecta el plano de una ciudad. Según las disposiciones del suelo y sus dimensiones, es preferible trazar los senderos lo suficientemente anchos para que la carretilla pueda pasar sin romper ninguna rama o tallo. De estas «grandes» arterias saldrán los senderos que delimitarán los espacios cultivados, haciéndolos accesibles en toda su superficie. Los senderos y las avenidas se trazarán clavando en el suelo y en los puntos previstos algunos palitos atados con un cordel. A continuación, se aplanarán estos espacios con la ayuda de un rastrillo.

En el caso de hortalizas escogidas con anterioridad será necesario trazar surcos o zanjas muy profundas, destinados a recibir las semillas. Si el tipo de plantación no requiere el trazado de un surco, de cualquier modo puede ser útil para guiar la mano del horticultor en línea recta. La posición del surco se delimita con la ayuda de un cordel atado paralelamente al tutor que limita el espacio, a una distancia suficiente para que la planta pueda desarrollarse sin obstaculizar la circulación por el huerto una vez haya crecido. Asimismo, es aconsejable prever sólo dos surcos por cada tutor, de modo que cada una de las tiras de hortalizas nacidas de su trazado sean accesibles desde cualquier parte.

Se excavará el surco clavando ligeramente la hoja del azadón en la tierra y arrastrando la herramienta a lo largo del cordel.

La cava

La cava es el primer trabajo que debe hacerse en el huerto. Se empieza por excavar un surco de la misma profundidad y lon-

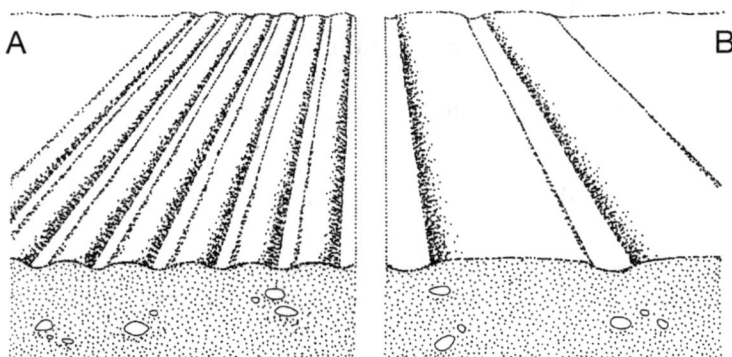

Trazado del huerto: A en hileras; B en bancales

gitud que la azada, acumulando en la parte exterior la tierra que habremos sacado. En el fondo del surco se esparcirá abundantemente estiércol y mantillo, y a continuación se excavará un segundo surco paralelo al primero. Con la tierra de este segundo se rellenará el primer surco. Naturalmente, en el fondo del segundo también se pondrán los fertilizantes; y de esta manera se irá haciendo un surco tras otro.

En esta fase pueden completarse los trabajos eventuales de enmienda o enriquecimiento del suelo. En el caso de un suelo ácido, por ejemplo, se puede añadir cal, mientras que en un suelo arcilloso se puede añadir arena.

El roturado

Si la tierra es suelta, desmenuzable y suficientemente húmeda, la semilla encontrará las mejores condiciones para germinar y los microorganismos se desarrollarán con normalidad. Estas condiciones se obtendrán con el roturado, que consiste en remover la tierra en profundidad. Después de esta tarea, la tierra encontrará, aunque lentamente, sus condiciones ideales: he aquí por qué es bueno no sembrar enseguida. Las épocas de roturado son las siguientes:

— *en otoño y a principios de invierno*, removiendo los terrones, ya que en esta estación la tierra almacena una mayor cantidad de agua, se desmenuza más fácilmente y es más sencillo luchar contra las malas hierbas;
— *a finales de invierno y a principios de primavera*, removiendo los terrones si se desea sembrar al cabo de uno o dos meses, ya que, en este caso, la superficie se seca menos y los microorganismos aumentan su actividad; no conviene remover los terrones si se desea sembrar enseguida;
— *a finales de la primavera y durante el verano*, sin remover los terrones.

El roturado removiendo los terrones se hace con la azada o con una horquilla de cuatro púas; se inicia girando la espalda a la zona que se debe trabajar, partiendo de los bordes del terreno.

El roturado sin remover los terrones puede hacerse con la azada, con la horquilla de cuatro púas, con la azada mecánica o con el motocultor. El empleo de estos dos últimos ofrece la ventaja de un trabajo más regular.

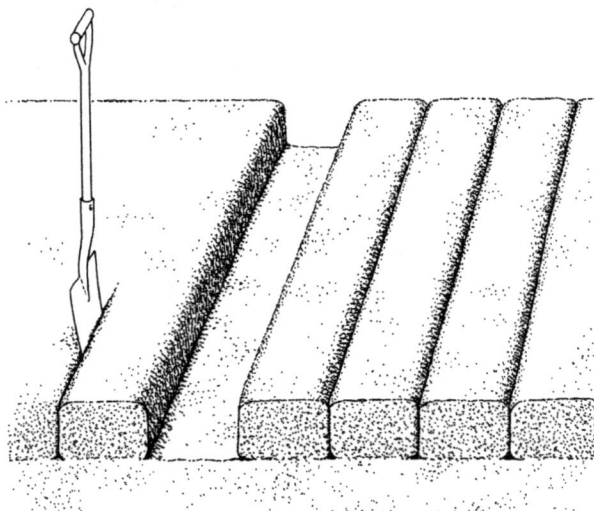

Representación esquemática de la preparación del suelo para la formación de zanjas mediante la remoción de los terrones

La labranza

La labranza consiste en excavar más profundamente que en el roturado.

Cuando el trozo de tierra es accesible a un tractor, el trabajo se hace más fácil. Por tanto, el hecho de arar o de roturar el suelo permite sacar a la superficie las partes profundas que, de este modo, pueden a su vez obtener ventaja de la luz y del sol. Será conveniente repetir dicha operación cada año, en otoño o en primavera.

La labranza en otoño transforma el suelo, que ha recibido las diversas plantaciones, en una sucesión caótica de terrones, multiplicando así las superficies expuestas a las heladas. Con el frío invernal, estos terrones se llenan de agua y al helarse, se romperán, permitiendo la circulación del agua y de los elementos nutritivos que impedirán la formación de una masa compacta. *La labranza en primavera* es útil porque permite el complemento de las sustancias fertilizantes, como veremos a continuación.

El rastrillado

Después de roturar la tierra, debe pasarse el rastrillo para nivelarla y cubrir las semillas. En un huerto pequeño se utiliza la horquilla de cuatro púas, y en uno grande, el rastrillo.

El desbrozado

Las malas hierbas absorben los elementos nutritivos de la tierra, privándola del aire y la luz, por lo que es conveniente arrancarlas con herramientas (azadón, raspador y escardador) y productos químicos. En el límite de lo posible, estos últimos deben evitarse, ya que pueden atacar a las hortalizas.

La escarda

Para resquebrajar la costra de tierra que tiende a secarse, y para evitar que el agua que emana del subsuelo se disperse en el aire, debe practicarse la escarda, que se efectuará con el azadón o con el escardador.

La siembra

La simiente, que varía según las hortalizas y tiene una energía germinativa más o menos rápida, dará origen a una nueva planta.

En general, se procederá a la multiplicación de las plantas por medio de la siembra, es decir, se dispondrán las semillas sobre el suelo escogido para que se adhieran a este por presión, o se cubrirán con una ligera capa de tierra.

Algunas hortalizas pueden sembrarse en su lugar definitivo, mientras otras sólo pueden germinar en condiciones particulares. La aireación, el calor, la humedad y el ambiente son factores importantes para la siembra.

La siembra puede efectuarse: en un semillero, en la tierra, en un lecho caliente, en una maceta, en unas cajitas al abrigo del frío o en unos cajones con cristal.

En semillero. Es necesario cubrir el sembrado con plásticos para protegerlo de la lluvia o del viento.

En la tierra. Se nivelará la tierra haciendo surcos separados entre sí 10 o 15 cm. Se humedecerá el suelo, se esparcirán las semillas en los surcos, se cubrirá la tierra con turba fina mezclada con arena y se regará a modo de lluvia. Para la siembra de verano es aconsejable hacer sombra extendiendo sobre la zona una red fina en forma de techo. Después se efectuará la siembra, que puede ser de las siguientes maneras:

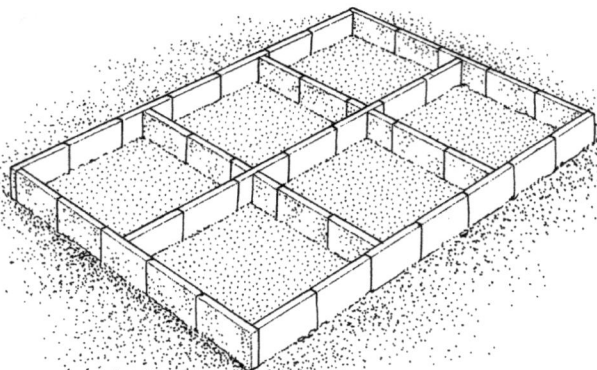

Semillero

A

B

C

A   *Siembra a voleo*
B   *Siembra en hoyos*
C   *Siembra en líneas*

27

— en hileras: las semillas se depositarán, una a una, en el surco trazado con el azadón a intervalos aproximados y se aplanará la tierra con el rastrillo;
— en hoyo: se depositan las semillas en grupos de tres a seis a distancias variables, según el tipo de hortalizas (acelgas, remolachas, calabazas, calabacines, cardos, habas, pepinos y pepinillos);
— a voleo: cuando las plantas no son de trasplante (berro, rábanos, nabos, lechugas), se esparcirán las semillas dejándolas caer;
— con el dedo: las semillas deben hundirse en la línea antes de cubrirlas (pepinos, pepinillos, nabos, melones). Este sistema también sirve para la siembra en semilleros, de la que ya hemos hablado;
— con una parte de la planta: con este sistema se multiplican algunas especies de hortalizas como la patata, la alcachofa, el ajo, el romero, la salvia y la fresa, que reproducirán las mismas características que la planta madre. Por ello, es necesario escoger con cuidado las plantas madres de las que se deseen sacar las partes necesarias (esqueje, tubérculos, pequeños bulbos, estacas, retoños, brotes) que se emplearán para formar el nuevo cultivo.

En lecho caliente. Se prepararán cajones de ladrillo, madera o cemento en los que se sembrarán o se trasplantarán las hortalizas para su crecimiento forzado o, en otoño, aquellas que deberán trasplantarse en la primavera siguiente. El fondo del cajón se rellenará con una capa de hojas secas y estiércol y, a continuación, otra de mantillo.

Al fermentar, el estiércol da calor al mantillo, sobre el que se esparcirán las semillas. Cuando hace frío, deben protegerse los lechos con paja. Con este sistema se siembra:

— en enero: achicoria, col, repollo, zanahoria, lechuga, rábanos, puerros;
— en febrero: pimientos y berenjenas, además de todas las hortalizas de enero;
— en marzo: melones, tomates, apio, pepinos y pepinillos.

En maceta. Las macetas pueden ser de arcilla o de turba prensada. En cada una de ellas se depositarán dos o tres semillas. Con este método se siembra:

— en marzo: col, tomate, apio, berenjena;
— en abril: calabaza, calabacín, cardo, melón, pepino y pepinillos.

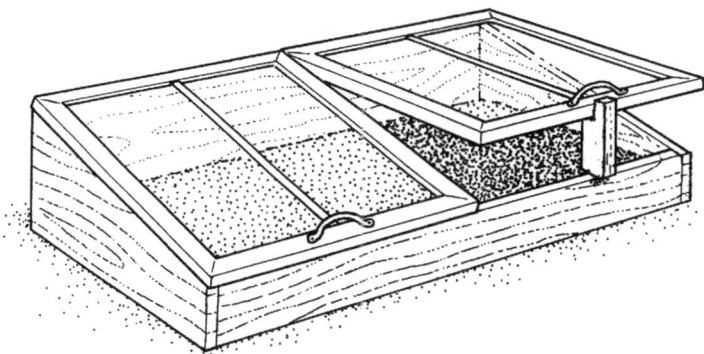

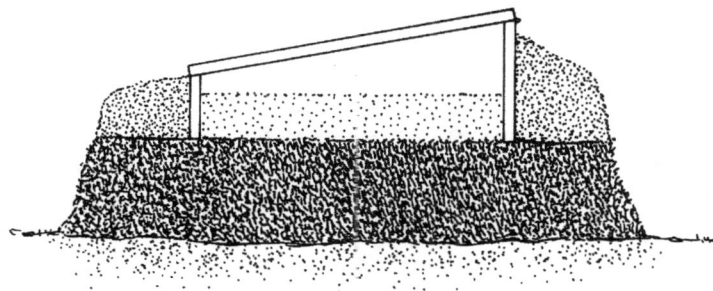

Cajonera para lecho caliente

En cajones con cristal. Método de siembra adecuado para plantas delicadas que no pueden sembrarse directamente en la tierra. La estructura del cajón puede ser de madera, acero, cemento o poliéster. Debe estar apoyado en una pared orientada al sur para que concentre el calor del sol, y estar protegido del viento del norte. Las dimensiones tienen que responder a las necesidades del horticultor y las paredes deben ser de cristal. En estos cajones se sembrarán las lechugas de primavera y aquellas hortalizas que no pueden reproducirse en invierno a causa de las bajas temperaturas, como el perejil y la albahaca.

Para los cultivos de climas más benignos, basta con los túneles de cobertura de rafia o polipropileno.

Naturalmente, los tiempos de la siembra indicados en la preparación de las semillas deben adaptarse a las localidades donde vive el horticultor.

El trasplante

Se entiende por trasplante, la acción de extraer las plantitas del semillero para ponerlas en la tierra lo más rápidamente posible, a fin de acelerar su desarrollo.

Para hacer esta operación, es necesario que las plantas hayan desarrollado su aparato radical y que ya tengan dos o tres hojas, puesto que, en caso contrario, no podrán crecer. Un día antes del trasplante, deben empaparse bien la tierra y las plantitas. La operación se efectuará con el trasplantador, extrayendo los brotes con su pan de tierra.

Las hortalizas pueden trasplantarse de varias maneras y a diversa profundidad, pero para todas es necesario un agujero de dimensiones suficientes, en profundidad y anchura, para que las raíces no se doblen. El trasplante puede hacerse:

— a ras del suelo, poniendo las plantitas de modo que no las cubra la tierra (acelgas, remolachas, alcachofas, apio, achicoria, fresas, lechugas, cardos);
— un poco profundo, enterrando las plantitas hasta la altura de la primera hoja (puerros, cebollas, pepinos, pepinillos, coliflor, calabazas, melones, berros);
— en profundidad: con el tallo de las plantitas puesto verticalmente en el suelo.

La siembra puede ser periódica: puede plantarse una hortaliza —como, por ejemplo, la zanahoria— por primera vez a primeros de mayo y así sucesivamente después de veinte días, lo cual permitirá en el momento oportuno, hacer una primera recolección hacia primeros de octubre, y sucesivamente una segunda cada veinte días, para poder tener siempre a disposición el producto fresco.

Métodos de multiplicación

Algunas hortalizas, que no se reproducen bien por semillas, se multiplican por una parte de la planta. Entre ellas se encuentran la alcachofa, el ajo, la patata, la savia y el romero. Como es natural, deben escogerse cuidadosamente las plantas «madres», que deberán estar sanas y fuertes.

Trasplante con cepellón

Según el tipo de planta, los órganos escogidos pueden ser bulbos, tubérculos, estolones, esquejes, yemas, rizomas y retoños.

31

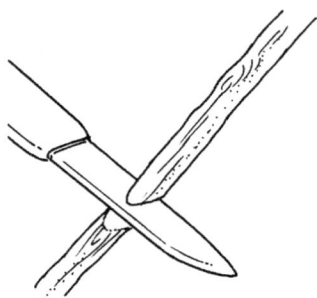

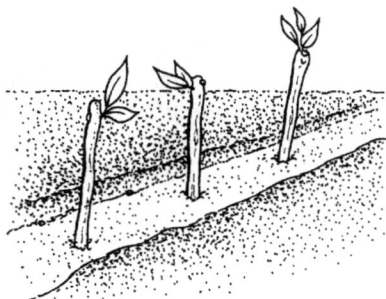

Varios tipos de estacas

El *bulbo* es una yema subterránea hinchada de algunas plantas; el *tubérculo* es un tallo subterráneo hinchado, generalmente rico en sustancias aminoácidas; el *estolón* es una rama que crece horizontalmente y desarrolla raíces que darán origen a una nueva planta; el *cardillo* es una parte de la planta del cardo destinada a la multiplicación; el *retoño* es una parte de la planta de la alcachofa.

El esqueje

Es una técnica de multiplicación que consiste en sacar una parte de las ramas, de los brotes, de las raíces y de las hojas de una planta, la cual, en un ambiente adecuado, será capaz de desarrollar un nuevo individuo.

Reciben el nombre de esquejes *leñosos* aquellos que se extraen de los brotes, ramas y raíces durante el periodo de reposo vegetativo, y son los más empleados en las plantas de fruto. Los esquejes *herbáceos* o *de hoja* se emplean para las otras plantas.

El injerto

Consiste en hacer crecer sobre una planta una yema o un ramito extraídos de otra planta, con el propósito de mejorar el fruto o

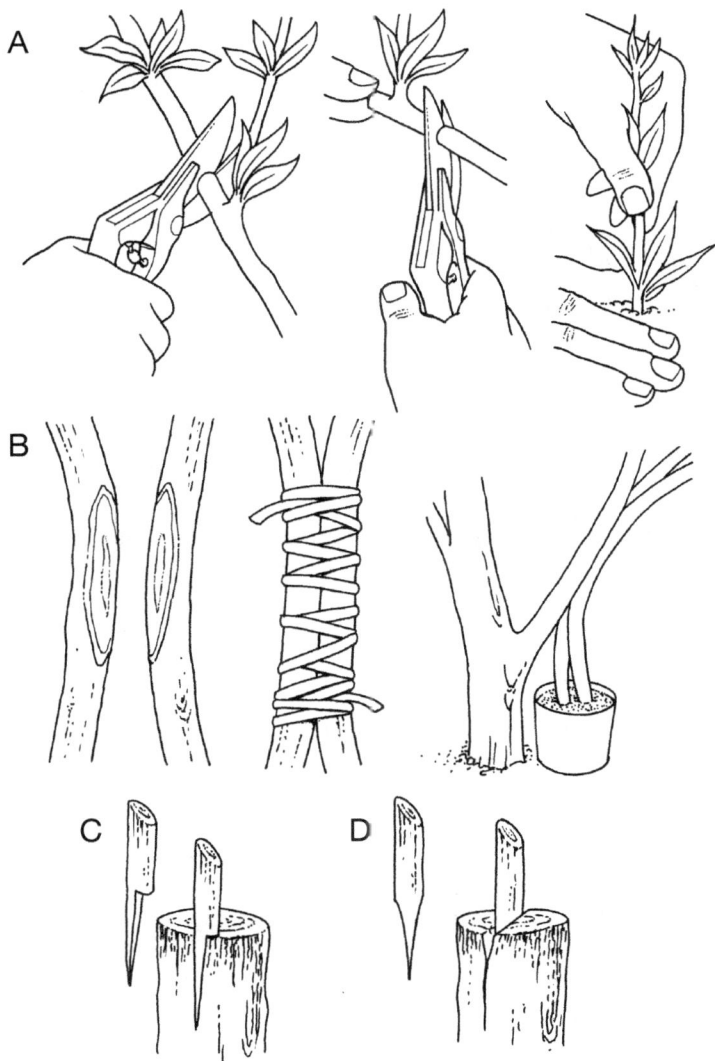

A   Esqueje foliar
B   Injerto por aproximación
C   Injerto en escudete
D   Injerto de corona

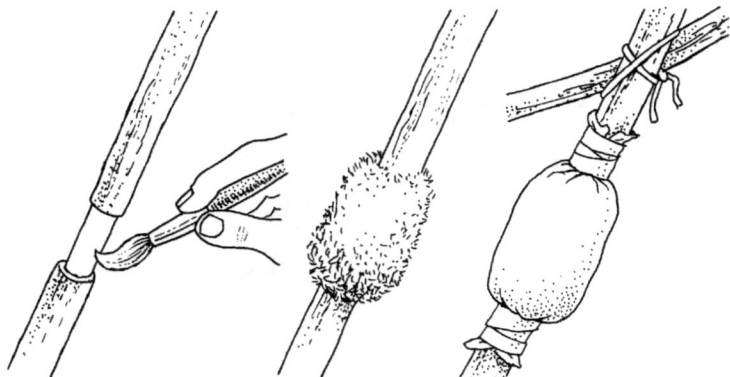

Método para realizar el acodo

vigorizar las ramas. También se emplea en las plantas que no pueden reproducirse por semillas o esquejes.

El acodo

Es una técnica de reproducción artificial de las plantas, que consiste en envolver una rama de la planta madre en el punto donde se quiera que esta dé nuevas raíces, con tierra o turba contenida en un recipiente adecuado.

Generalmente, el acodo se efectúa en primavera: se quita de la rama un anillo de corteza o se hace un corte longitudinal; en la herida se introduce una pajita para evitar que se cierre. En el punto de incisión hay un estancamiento de la linfa que facilita el crecimiento de las nuevas raíces.

El aclareo

Se hace para que las nuevas plantitas nacidas de semillas no crezcan demasiado deprisa, con el fin de buscar la luz.

34

Consiste en sacar las plantitas que hayan alcanzado cierta altura del lecho originario de siembra, para trasplantarlas a un recipiente o a otro suelo separándolas, a fin de evitar que se ahíle la planta.

Aclareo en el semillero

Consiste en un trasplante efectuado pocos días después de la germinación y en espera del trasplante definitivo a plena tierra. Apenas la plantita pueda asirse, se introducirá en un bastoncito con la extremidad en forma de U y se arrancará. A continuación, se horadará la tierra con el bastoncito, se introducirá la planta, recalzándola enseguida y se plantarán las demás a una distancia de 5 cm, hasta que se agoten. Para este tipo de trasplante, son útiles las bandejas de turba prensada, divididas en pequeños compartimentos, en cada uno de los cuales se pondrá una plantita; en el momento del trasplante a plena tierra sólo se deberá sacar cada cepellón y enterrarlo.

Las bandejas llenas deben colocarse a la sombra, protegidas con un cristal, y regarlas con moderación. Cuando empiecen a aparecer los tallos, se regarán con un chorro muy fino y se comenzará a levantar la tapa de cristal, primero un poco y en las horas de más calor, para volverla a bajar al atardecer, hasta que sea posible proceder al trasplante definitivo.

El aclareo de las hileras

Consiste en arrancar algunas de las plantitas que han sido sembradas en hilera. Se hace junto con el desherbado y es aconsejable para cebollas, espinacas, zanahorias, nabos y lechugas.

La poda

Consiste en eliminar los brotes principales a fin de obtener ramificaciones secundarias que producirán precozmente una mayor

Ejecución de la plantación intermedia

cantidad de frutos, o también en cortar brotes superfluos, o en detener la última vegetación de las plantas; también se utiliza para dar una forma particular a las plantas con fines ornamentales. En horticultura, la poda comprende dos operaciones: el despuntado y el aclareo de los frutos.

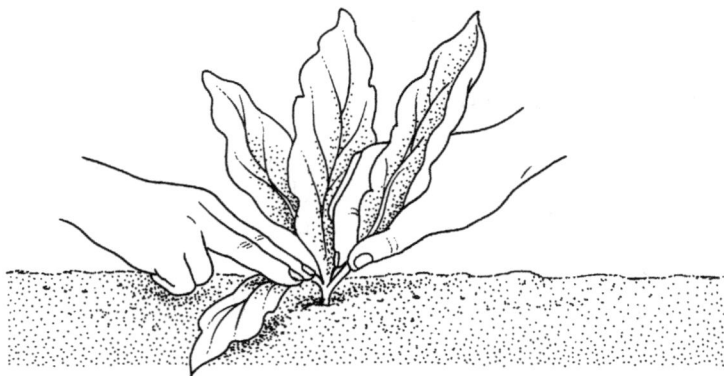

Aclareo

El despuntado

Consiste en extirpar una extremidad de las ramas o del tallo principal con un cuchillito o la uña a una altura variable según el tipo de hortaliza, con el fin de que la planta tenga más frutos rápidamente.

El aclareo de los frutos

Consiste en eliminar los brotes que no tienen fruto a fin de favorecer el desarrollo de aquellos que lo tienen.

El recalce

Permite mantener las plantitas en posición vertical para evitar que se encharque la lluvia, proteger las raíces del frío y evitar que el viento las arranque. Poniendo tierra al pie de las hortalizas (pa-

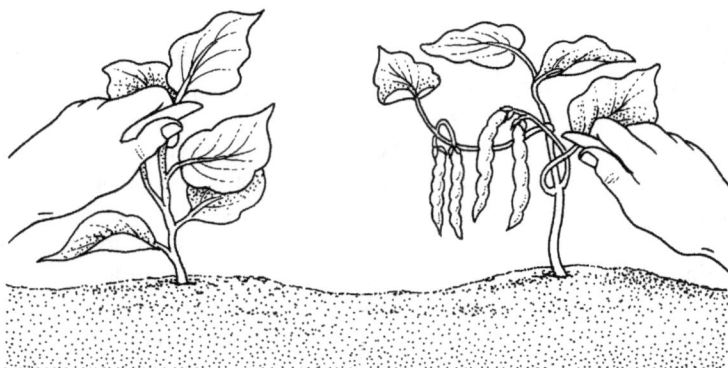

Desmochado

tatas, habas, judías y coliflores), se facilitará el riego; en suelos poco permeables, reforzará las raíces y ayudará a que las plantas se emblanquezcan (puerros, espárragos, endibias) apartándolas de la luz.

Recalce

El riego

Las semillas sólo pueden germinar en un ambiente húmedo, y las raíces absorben las sustancias necesarias para la vida de la planta cuando están disueltas en agua. A menos que la estación sea particularmente lluviosa, el primer cuidado del horticultor que ha sembrado o plantado debe ser el riego. Además, esta operación es indispensable en aquellas hortalizas que han sido trasplantadas o han sufrido una mutilación de una parte de sus raíces, encontrando alguna dificultad para adaptarse al nuevo ambiente. Después de la siembra y el trasplante, se debe regar la tierra a pie de planta, pero manteniendo sus partes aéreas secas, sobre todo cuando las plantitas aún no están lo bastante hundidas en la tierra como para encontrar una humedad permanente. En líneas generales, se debe regar por la mañana y por la tarde. Si se tiene una manguera que evite el pesado transporte de los aparatos de riego, debe ser «de lluvia» para reducir la presión del agua, ya que un chorro brusco aprieta la tierra y la hace impermeable al aire. A falta de un instrumento adecuado, los pequeños recipientes que contienen las semillas, se regarán con una botella en cuyo tapón se habrán hecho previamente varios agujeros. Cuando hace mucho calor, no se debe regar a pleno sol.

Además de los aspersores, de las mangueras enrolladas, de los irrigadores giratorios y de la bomba irrigadora (normalmente

Aspersor

en los comercios especializados), también existen los tubos per-
forados, los irrigadores fijos y los aspersores de surtidor, que
permiten la distribución del agua de manera bastante uniforme.

No debe olvidarse que, a causa del calor del sol, el agua produce en la superficie una especie de costra que debe eliminarse
con un ligero rastrillado.

En resumen, regar poco es contraproducente porque el agua
no llega a las raíces; regar demasiado, en cambio, puede repre-
sentar un peligro, sobre todo cuando las semillas están a punto
de germinar, ya que las raíces pueden asfixiarse, por lo que es
mejor regar bien una vez a la semana, y no un poco cada día.

En las zonas en las que haya escasez de agua, sería conveniente
tener pequeños aljibes, protegidos con redes, con agua de lluvia.

El blanqueo

El blanqueo es una técnica practicada en algunas plantas que consiste en privar de la luz sus partes aéreas, sobre todo las hojas.
En un cierto momento de su desarrollo, las plantas deben cubrirse con tierra o envolverse con cartones u otros materiales para
alejarlas de la luz.

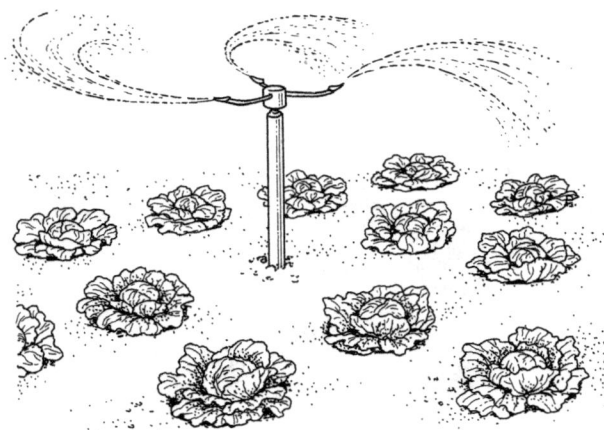

Aspersor con brazos giratorios
18 Blanqueo

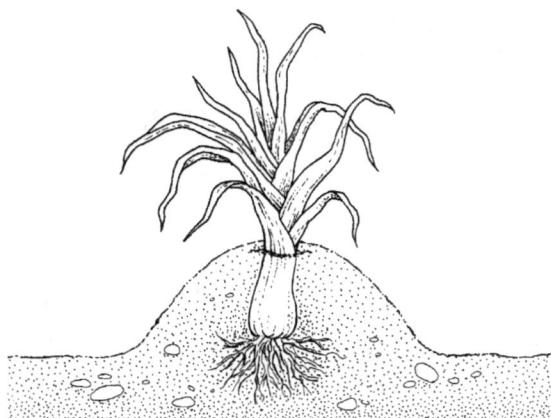

Blanqueo

Los tutores

Los tutores son útiles, aunque no indispensables, en cualquier huerto. Ya que no pocos vegetales necesitan apoyo, es bueno colocar, en el momento de la siembra o de plantación, unos bastones junto a las hortalizas o junto al punto donde nacerán. Este sistema evita que se caigan aquellas plantas cuyo tallo no soporta el peso de sus frutos; algunas veces las plantitas buscan apoyo en los tutores vecinos para levantarse. En el primer caso, el horticultor atará las ramitas a un palo colocado al pie de la planta, empleando rafia u otro material cuya estructura no dañe su epidermis. En el segundo, basta con colocar cualquier tutor en el que pueda enrollarse la planta o al que se adhiera con sus zarcillos.

La rotación

La rotación consiste en cultivar, en una zona del huerto, un tipo de hortaliza menos exigente que el cultivado en el mismo lugar el año anterior. Se practica para disminuir el riesgo de enfermedades y explotar mejor las posibilidades nutritivas de la tierra, ya que se ha comprobado que los vegetales de una misma familia tienen exigencias similares. Por ello —si se insiste en el cultivo de hortalizas de la misma especie— nos dirigimos a un seguro empobrecimiento del suelo que debe evitarse.

Por ejemplo, durante el primer año, en una parte del huerto (que generalmente se divide en cuatro zonas) se cultivará una calidad de col. Al año siguiente, en esta zona se cultivarán guisantes y judías, mientras que las coles se plantarán en el sector donde se habían cultivado aquellos el año anterior.

He aquí un ejemplo de rotación:

1.er sector: rábanos, cebollas, guisantes, lechugas, apio, judías, habichuelas, escaluñas, puerros, endibias.

2.° sector: espinacas, coles, berzas, coliflores, coles de Bruselas, brécoles.

3.er sector: remolachas, nabos, apios de Verona, escorzoneras.

4.° sector: frambuesos, espárragos, ruibarbos, moras, hierbas aromáticas, groselleros, mirtilos.

41

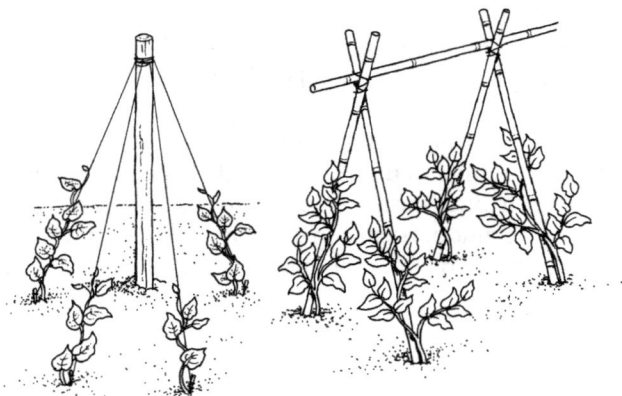

Tutores para hortalizas (judías, guisantes, habas y tomates)

De uno a otro año, los cuatro grupos de hortalizas se alternan en los distintos sectores.

El cultivo hidropónico

Naturalmente, se puede pensar que para cultivar una hortaliza es indispensable que el suelo esté bien abonado y regado. Esto no es del todo exacto, ya que se puede practicar el cultivo hidropónico con cualquier tipo de vegetal. Este sistema consiste en hacer crecer el vegetal suministrándole los principios nutritivos directamente, o mejor, haciendo que asimile directamente estos principios de una solución acuosa.

En este campo, los primeros resultados satisfactorios se obtuvieron en Estados Unidos hacia los años veinte. Durante la segunda guerra mundial, este tipo de cultivo permitió abastecer de hortalizas a aquellos batallones del ejército norteamericano que se encontraban demasiado lejos como para disfrutar de un suministro continuado desde su país.

Hay diversos sistemas para poner en práctica el cultivo hidropónico.

Se pueden usar cajones de cemento armado, recubiertos en su interior por una capa de material impermeabilizante, pero para un cultivo pequeño se pueden emplear recipientes de plástico o de madera impermeabilizados con alquitrán o cualquier otro material, con tal de que sea un material inerte.

Los cajones deben llenarse con arena o grava bien lavadas o, según las técnicas más recientes, con arcilla cocida de granulación mixta, regada de vez en cuando, con soluciones nutritivas sintéticas. A continuación, se procederá a hacer el trasplante y la siembra como en los cultivos tradicionales.

Sólo la parte inferior del sustrato debe mojarse con agua, que después saldrá a la superficie. En lo relativo a los riegos y los abonos, basta con restablecer el nivel del agua cuando ha alcanzado el mínimo o con suministrar la dosis del producto nutritivo especial, que se puede comprar en los comercios especializados o en las cooperativas agrícolas. El horticultor puede preparar la mezcla, que podría ser: una pizca de sulfato de hierro, 90 g de sulfato amónico, 280 g de superfosfato y 210 g de sulfato de potasio. La mezcla, reducida a polvo finísimo y conservada en un lugar seco, debe emplearse en la medida de 10 gramos por cada 5 litros de agua y usarse durante los meses fríos en días alternos y en los cálidos a diario, regando una vez a la semana. Es indispensable seguir escrupulosamente las instrucciones relativas al uso del producto, teniendo en cuenta las exigencias de las distintas hortalizas y midiendo el pH constantemente. Como puede verse, se trata de una técnica bastante simple. Este tipo de cultivo, practicado a gran escala en ciertas zonas, resolvería el problema de la escasez así como la carestía de suelo fértil destinado al cultivo de las hortalizas.

El huerto en el terrado, en la terraza, en el balcón

Cultivando las hortalizas en un terrado, en un balcón o en una terraza, pueden obtenerse prácticamente los mismos resultados que los logrados en una parcela de tierra; sin embargo, es preciso tener en cuenta algunos detalles. En primer lugar, debe haber una exposición al sol de seis horas al día por lo menos. El

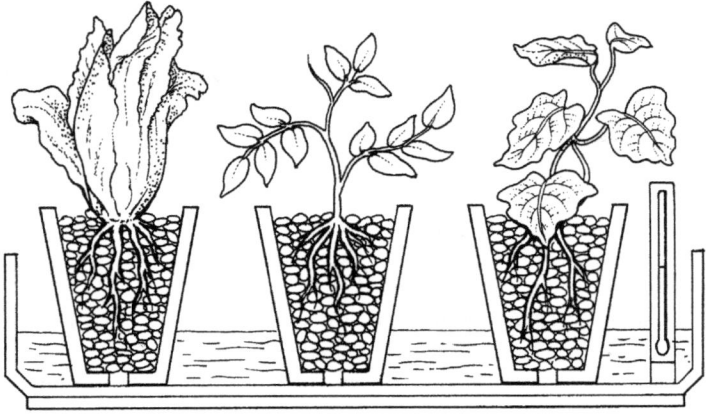

Recipientes con macetas para el cultivo hidropónico

cultivo debe hacerse en cajitas de madera o poliestireno con el fondo agujereado para la aireación necesaria y ligeramente elevadas del suelo.

En el fondo de dichos recipientes se colocará un drenaje de arena o de ladrillo triturado de casi 1 cm y después se llenarán de tierra convenientemente abonada. La tierra, mojada, dejada secar y mojada de nuevo, estará preparada para recibir las semillas mezcladas con la arena.

Las semillas germinarán y las plantitas crecerán fuertes y sanas si reciben los cuidados necesarios. Será bueno arrancar las hortalizas apenas hayan madurado, extirparles las raíces y volver a sembrar la variedad escogida.

Antes de efectuar la nueva siembra, la tierra deberá ser mejorada y enriquecida con buenos abonos.

De esta forma se puede cultivar perejil, apio, lechuga, menta, estragón, albahaca y rábanos, en cajitas de unos 25 cm de profundidad.

Si deseamos obtener habichuelas, tomates y pepinillos, deberemos utilizar recipientes de cerca de 50 cm de profundidad. El romero, el tomillo y el laurel, que son arbustos perennes, no se deben arrancar completamente, sino que deben cultivarse en recipientes más profundos, con los mismos cuidados que les habríamos dado si estuvieran plantados en plena tierra.

La recolección

No existe una señal precisa que indique el momento de la recolección. Algunas hortalizas pueden ser recogidas apenas hayan salido de su floración; otras, en cambio, pueden dejarse madurar para ser consumidas en invierno.

El mejor momento para recoger las hortalizas, que deben cortarse a ras del suelo, es al final del día. Si las hojas o el frágil tallo sufren algún daño durante la recolección, volverán a vigorizarse con el frescor de la noche.

Algunas hortalizas, como el ajo y la cebolla, deben ser recogidas por la mañana, de modo que puedan transpirar hasta que el resto de tierra adherido a su raíz haya perdido toda la humedad. En cambio, no es aconsejable exponer las patatas a la luz del día, ya que el reverdecimiento las altera.

En líneas generales, la recolección se efectúa durante el desarrollo y al final del mismo.

Pueden recogerse durante el desarrollo berenjenas, calabazas, tomates, calabacines, pimientos, pepinos, pepinillos y melones, todos ellos hortalizas de fruto carnoso, pulpa fuerte y baya. Las hortalizas herbáceas—como la col, las espinacas y las plantas aromáticas— también pueden comerse en esta época.

En cambio, para recoger las hortalizas de raíces o de tallos subterráneos —como escaluñas, remolachas, patatas, cebollas o zanahorias—, así como las legumbres de semilla —habas, guisantes, judías o lentejas—, conviene esperar a que se hayan desarrollado por completo.

A finales de otoño en el huerto sólo quedarán aquellas hortalizas que deban permanecer en reposo durante el invierno.

La recolección puede ser escalonada. Si se ha sembrado por primera vez a primeros de mayo y después cada veinte días, será posible recolectar desde principios de octubre siguiendo los mismos plazos.

El calendario del horticultor

Enero

Es el mes en el que el huerto no requiere apenas cuidados. Se prepararán los tutores para los guisantes, pepinillos, calabacines, tomates y otras plantas trepadoras. Cuando el tiempo sea benigno, se pasará la azada a los montones de abono y de estiércol para mezclarlos bien con la tierra y se regarán si estuvieran muy secos. Se puede empezar a podar los árboles frutales e iniciar los tratamientos fitosanitarios.

Es necesario vigilar las provisiones para el consumo invernal, poniendo especial atención en los animales que podrían destruirlas, y eliminar cuidadosamente las hortalizas mustias o podridas.

Siembra

En zonas benignas y cálidas, se puede sembrar en cajones cuanto se desee, mientras que en plena tierra, en cambio, sólo cebollas, lechugas, espinacas, perejil y acelgas.

En zonas frías, se pueden sembrar cebollas y endibias en cajones, mientras que en plena tierra, en cambio, sólo crecerán espinacas, guisantes, acelgas, ajos y cebollas.

Recolección

En enero se cosechan coles, zanahorias, achicorias, coles de Bruselas, espinacas, escorzoneras, hinojos y acelgas.

Febrero

Durante este mes empieza a aumentar la actividad del huerto. Se pasará el azadón por los bancales y se preparará la tierra para el esparragal. También se dispondrán los semilleros, renovando la base de los cajones. Si el terrado es el sitio más soleado que se posee, es necesario renovar el fondo de cultivo de los recipientes. Por otra parte, deben podarse los árboles frutales, haciendo las fumigaciones antiparasitarias invernales, así como recalzar los guisantes y las habas y eliminar las ramas secas de los árboles.

Siembra

En lecho caliente se sembrarán las hortalizas tempranas (tomates, pimientos, berenjenas, albahaca y rábanos).

En semillero, en cambio, se sembrarán las acelgas de costilla y endibias.

Directamente puede plantarse perejil, apio de tallo, zanahoria, espinacas, remolachas, guisantes, pimientos. Si el huerto está en un cerro y protegido del viento, pueden plantarse también pies de espárragos.

Recolección

En febrero se cosechan coles, espinacas, ensaladas y zanahorias.

Marzo

Es el mes en el que el huerto requiere más trabajo. Después de desbrozar, se preparan los bancales, se pasará el rastrillo por los senderos y se podarán los árboles frutales. La tierra debe enriquecerse con abonos químicos o con estiércol. En caso de que vuelva a helar, los cultivos deben taparse con paja u hojas secas. Se trasplantarán del vivero nuevos árboles frutales y se efectuará una revisión de las herramientas, arreglando y comprando las que fuere necesario.

Siembra

En cajones con cristal pueden plantarse coles, pepinos, judías y calabacines.

En plena tierra pueden sembrarse calabazas, rábanos, patatas, zanahorias, guisantes. Se trasplantarán endibias, cebollas, lechugas, procurando eliminar los animales dañinos. Al sembrar, es necesario vigilar la profundidad, ya que cuanto más se ahonda, más frío es el suelo; para germinar, las semillas necesitan calor y a menudo, su yema no tiene fuerza para atravesar la cantidad de tierra que la cubre.

Recolección

En marzo se cosechan diversas hortalizas de raíz (zanahorias, nabos, rábanos, remolachas, colirrábanos, apiorrábanos, brécoles), así como coles y achicorias.

Abril

Durante este mes la actividad del huerto continúa con un ritmo bastante intenso. Si el subsuelo es arcilloso, es el momento de removerlo hasta unos 40 cm de profundidad para sustituirlo, en parte, con mantillo de bosque mezclado con tierra común, y evitar así el peligro de una producción dificultosa y poco satisfactoria.

Se procederá a hacer el trasplante, pero obrando con cautela, pues puede volver a hacer frío, por lo que durante la noche se cubrirán los bancales con paja u hojas secas.

Es preciso arar, escardar, reforzar y abonar todo lo que se ha plantado en marzo.

Se abonan todos los bancales, incluso el de alcachofas, y si es necesario, se aclaran las plantas de las que se desee obtener una buena producción. Las tapaderas de cristal de los cajones deben levantarse cada vez con más frecuencia y se quitarán los túneles protectores.

Siembra

Es una buena época para sembrar zanahorias, habichuelas, cardos, perejil, apio y remolachas. A finales de mes, se sembrarán o se trasplantarán calabacines, judías, coles y apios.

Recolección

En abril se cosechan zanahorias, rábanos, perejil, apio, coles, guisantes y cebollitas.

Mayo

Durante este mes aumenta el trabajo en el huerto, pero, por otra parte, se empieza a recoger el fruto de la cosecha propia. Es preciso escardar, aclarar y recalzar cada uno de los bancales.

Si llueve poco, debe regarse por la mañana, sobre todo los nuevos cultivos. Es necesario empezar la lucha contra el escarabajo de la patata, contra las enfermedades producidas por hongos y contra otros parásitos. Los tratamientos deben ser más frecuentes cuanto más lluvioso sea el mes.

Se desmocharán las plantas de melón y calabaza y se protegerán con paja las de fresas. Cuando se cosechen habas y guisantes, deben dejarse algunas vainas para recoger las semillas.

Siembra o trasplante

En plena tierra se plantarán pepinos, calabacines, habichuelas, judías, tomates, pimientos, berenjenas, zanahorias, coles, acelgas, apio, coles de Bruselas, rábanos, remolachas, albahaca y cardos.

Recolección

En mayo se cosechan lechugas, guisantes, apio, perejil, acelga de tallo, ajos, coles, rábanos y zanahorias.

49

Junio

Durante este mes, el agricultor debe centrar su interés en los riegos y en las malas hierbas. Por ello, es necesario escardar continuamente y regar por la mañana y por la tarde, procurando que la temperatura del agua sea la misma que la de la atmósfera, para que no se retrase el cultivo.

Se recalzarán los cultivos de lechugas, coles y tomates, cubriendo la tierra con hojas secas, que son un abono excelente.

Se intensificarán los tratamientos antiparasitarios, vigilando atentamente las plantas que pueden ser atacadas por pulgones, grillos y otros insectos.

Deben abonarse los melones, los tomates, los pepinos y las berenjenas.

Siembra

Es el momento de sembrar perejil, rábanos, coliflores, cardos, judías, habichuelas, calabacines y zanahorias. Además, pueden trasplantarse apios, coles y lechugas.

Recolección

En junio se cosechan zanahorias, rábanos, apios, guisantes, habichuelas, tomates y cebollitas.

Julio

Es el mes del calor sofocante, por lo que algunas hortalizas pueden sufrir, sobre todo si el huerto es muy soleado.

Se ararán los bancales, ahora vacíos, y se recogerán las semillas, que deben guardarse en un sobre y conservarse en un lugar seco y ventilado. Se desmocharán los cuellos de las plantas de pimientos, melones y berenjenas. Se continuará aplicando insecticidas y se regará con abundancia, pero sólo después de la puesta del sol; los riegos abundantes disminuyen el riesgo de enfermedades criptogámicas; también se harán correcciones eventuales para mejorar el suelo.

Siembra

Es el momento de sembrar cebollas de verano, lechugas, zanahorias, remolachas, repollos, coliflores, acelgas de tallo, guisantes, nabos, coles de Bruselas, perejil e hinojo.

Recolección

En julio se cosechan ajos, pepiros, zanahorias, tomates, calabacines, acelgas de tallo y berenjenas.

Agosto

Durante este mes, los trabajos que se hacen en el huerto no varían mucho de los de julio.

Se vigilarán con mucha atención los cultivos, con el fin de combatir los insectos y las enfermedades, y se escardarán los bancales.

Algunas hortalizas (apio y coles) se abonarán con compuestos nitrogenados y agua, y se continuará regando en abundancia, sobre todo si hay sequía.

Excepto en las plantas aromáticas y los rábanos, que pueden germinar hasta otoño, se acabará la siembra de las plantas que deberían producir durante el año y se empezará la de aquellas que producirán a lo largo del año siguiente.

Siembra

Es la época de sembrar cebollas de verano, acelgas de costilla, coles primaverales e hinojos, así como de trasplantar apios, puerros y cardos.

Recolección

En agosto se cosechan tomates, berenjenas, lechugas, pimientos, zanahorias, berzas, acelgas de tallo, judías, habichuelas, calabazas, calabacines y pepinos. También se empezarán a recoger las patatas y se continuarán guardando las semillas para hacerlas secar.

Septiembre

Durante este mes se empiezan a cosechar las hortalizas y las frutas, y se recogen las semillas. Disminuyen los riegos, pero aumenta el trabajo en los bancales que están libres, ya que deben rastrillarse las hojas y amontonarse en el lugar destinado al abono.

Se deberá pasar el arado, se recalzarán los cardos, los apios y las endibias y se atarán las puntas de las plantas que se deseen emblanquecer. Además, habrá que eliminar todos los limacos y gusanos, muy frecuentes durante todo el otoño.

Siembra

Es el momento de sembrar espinacas, zanahorias, rábanos, rábano rusticano y nabos, así como de trasplantar las coles.

Recolección

Durante todo el mes se cosechan berenjenas, tomates, pepinos, calabacines, judías, habichuelas, acelgas, pimientos, calabazas, apios, perejil, lechugas y zanahorias.

Octubre

Aunque durante este mes hay poca vegetación, en el huerto no falta trabajo. Es necesario rastrillar los senderos, ya que la caída de las hojas es continua y deben recogerse y amontonarse, removiéndolas de vez en cuando con la horquilla y añadiéndoles mantillo. Se desharán los lechos calientes y se mezclará el estiércol con el mantillo, que servirá para preparar los nuevos bancales. Finalmente, se ordenarán las herramientas y se arrancarán las plantas enfermas o retrasadas.

Siembra

Es el momento de sembrar espinacas, habas, pepinos, guisantes y rábanos, así como de plantar alcachofas y trasplantar cebollas, escarolas, acelgas de costilla, coles y achicorias.

Recolección

En octubre se cosechan las hortalizas tardías: calabacines, calabazas, tomates, acelgas, judías y habichuelas, zanahorias, coles, lechugas, pimientos, puerros y apios.

Noviembre

El huerto entra en el invierno. Se ordenará el local donde se conservarán las herramientas, que deberán limpiarse y engrasarse, haciendo después un inventario para sustituir a las que ya no sirven.

Se continuarán amontonando las hojas caídas de los árboles, juntándolas con el mantillo. Se recalzarán los bancales de apios, cardos, hinojos y endibias, protegiendo las hortalizas del frío con paja, y se pasará el arado.

Siembra

Es la época de sembrar ajos, espinacas, achicorias, habas y guisantes, así como de multiplicar las alcachofas.

Recolección

En noviembre se cosechan las verduras que deben emblanquecer, además de los cardos, acelgas, achicorias, zanahorias, coles, hinojo, raíces, perejil, espinacas y apio.

Diciembre

Para el horticultor, este mes supone un periodo de descanso durante el cual aún puede ocuparse de sus herramientas. Se hará una lista de las semillas que es preciso comprar y se planificarán los cultivos del próximo año.

Se cubrirán con paja y hojas secas las hortalizas que deben permanecer en la tierra durante el invierno. En el caso de que nieve, deberán eliminarse todas aquellas lechugas y espinacas que se hayan marchitado.

Después de deshacer los lechos calientes viejos, se prepararán los nuevos. Se arará la tierra, libre de cultivos y compacta, a fin de que mejoren los futuros cultivos. Se hacen emblanquecer las hortalizas que lo necesiten.

Siembra

En los nuevos lechos calientes pueden plantarse lechugas y achicorias.

Recolección

En diciembre se cosechan brécoles, repollos, berzas, coles de Bruselas, raíces, apios, acelgas, cardos, endibias, espinacas e hinojos.

Los enemigos del horticultor

Las enfermedades

Las enfermedades más peligrosas de las hortalizas y de las plantas suelen estar provocadas generalmente por hongos microscópicos parásitos. A continuación se describen las más frecuentes.

Lepras o abolladuras

Se trata de hongos ascomicetos que atacan flores y frutos, amarilleando y enrollando las hojas.

Es necesario eliminar las hojas atacadas y tratar la planta con un preparado de caldo bordelés.

Líquenes y musgos

Ataca a las plantas con partes leñosas. Se producen por una humedad excesiva o por la falta de sol. Se combate rascando las partes atacadas y pulverizándolas con soluciones a base de azufre.

Oídio

Ataca las hortalizas y los tubérculos y los destruye por medio de un polvillo blanco que aparece en las hojas. Se combate con pulverizaciones de anticriptogámicos a base de azufre.

Peronospora

Ataca las plantas de tubérculo, cubriendo hojas, tallos y frutos con una telaraña blanca. Se previene con tratamientos a base de metiltiofanato.

Roya

Cubre las plantas con manchas claras (roya blanca) o rojizas (roya roja), debilitándolas poco a poco hasta que mueren. Su causa principal es la humedad, por lo que conviene regular el ritmo y la cantidad de los riegos.

Se previene con pulverizaciones de productos a base de azufre y cobre y se combate con metiltiofanato, caldo bordelés y zineb.

Los insectos

Adultos o en estado larvario son muy perjudiciales para las hortalizas. Es preciso limpiar bien la planta y combatirla con productos insecticidas. A continuación se describen los más frecuentes.

Afídidos

También llamados *pulgones,* chupan la linfa de las plantas y las destruyen. Se combaten con insecticidas específicos.

Alacrán cebollero

Provisto de patas excavadoras, es un insecto muy voraz y muy perjudicial para los cultivos. Hace pequeños agujeros en la tierra, que acumula en montoncitos, en donde se multiplica con gran rapidez. En invierno vive bajo tierra y en verano al aire libre, refugiándose en los estercoleros. Se combate con cebos envenenados (bocaditos de arroz mezclados con veneno), petróleo y fuego.

Avispas

Construyen su nido entre las ramas de los árboles. Destruyen hojas, flores y frutos. Se combaten con petróleo y con azufre.

Cochinillas

Son muy voraces y perjudiciales. La hembra, provista de ventosas, ataca las plantas más jóvenes y les chupa la linfa. Se combate limpiando las plantas y pulverizándolas con un insecticida especial.

Gusano blanco

Pone sus huevos bajo tierra, junto a los tubérculos y las raíces. Cuando ha crecido sale a la superficie y se refugia en las plantas; se combate con insecticidas específicos.

Hormigas

Viven en comunidades formadas por varias categorías de individuos. Se combaten con soluciones de agua y petróleo, con pelitre y con pulverizaciones a base de azufre.

Lombrices

Viven en suelos húmedos y se alimentan de las sustancias que contiene la tierra. Aparecen, sobre todo, después de las lluvias de verano, atacando las semillas, las raíces, las hojas y las flores. Se combaten con productos químicos adecuados.

Moscas y moscardones

Son portadores de enfermedades. Prefieren el estiércol en particular.

Se combaten con aspersiones de lechada de cal (2 litros de agua por 1 kilo de cal viva).

Orugas

Atacan todas las plantas del huerto, en particular el guisante, destruyendo las hojas. Se combaten con insecticidas específicos.

Tijeretas

Se trata de insectos provistos de dos apéndices robustos. Aunque son menos perjudiciales que los demás insectos, atacan las plantas, las hojas y las flores. Se combaten con aspersiones de agua y jabón negro.

Los animales perjudiciales

A diferencia de los hongos y los insectos, los animales perjudiciales son mucho más fáciles de combatir. A continuación se detallan los más frecuentes.

Moluscos

Destruyen muy rápidamente semillas, hojas, tallos, frutos y raíces. En invierno, los limacos se refugian debajo de los montones de hojas secas en descomposición, por lo que es indispensable tener el huerto muy limpio. Existen productos especiales a base de salvado mezclado con metaldehído en polvo.

Pájaros

Dañan la fruta. Se combaten extendiendo redes sobre los cultivos o esparciendo semillas cubiertas con sustancias repelentes.

Roedores, ratas, ratones

Además de ser portadores de enfermedades, se alimentan de las semillas, las frutas y los bulbos guardados en los graneros o todavía en el bancal. Se combaten con cebos envenenados.

Topos

Excavan galerías bajo tierra y salen al exterior deshaciendo las hortalizas. Se combaten también con cebos envenenados.

Las herramientas para combatir a los enemigos del huerto

Ya hemos indicado las técnicas y los productos empleados para combatir a estos enemigos de las plantas que dañan las semillas, raíces, tallos, hojas, flores y frutos. Los utensilios indispensables para vencer en la lucha contra los parásitos, los insectos y otros animales deben escogerse según los productos que van a usarse y la superficie del huerto.

Los pulverizadores pueden ser a presión, de manivela o con motor, para aplicar con el motocultor o a mano.

Los nebulizadores, por lo general, son a presión, tienen una capacidad variable y pueden llevarse en la mano o colgados en la espalda.

El horticultor, prudente y preocupado de lo que ha sembrado o plantado, debe estar siempre alerta: los enemigos de las plantas pueden venir, además del aire y de la tierra, de las mismas plantas.

No es de extrañar que durante las primeras experiencias se tenga un desengaño, pero las cosechas posteriores serán mejores, ya que el horticultor se habrá preparado, no sólo contra los enemigos naturales como la lluvia, el frío, el hielo y la sequía, sino también contra los parásitos, animales y vegetales.

Cómo cultivar hortalizas, plantas de fruto, aromáticas y medicinales

Clasificación

La clasificación práctica de las plantas del huerto distingue entre plantas herbáceas, de fruto y, por último, de raíz, bulbo y tubérculo.

Plantas herbáceas

Se establecen varias categorías, entre las que destacan las siguientes:

— plantas de tallo: cardo, espárrago, col marina, puerro, ruibarbo, apio de costillas, etc.
— plantas de hojas: acelga, col, achicoria, berro, lechuga, espinaca, diente de león, etc.
— plantas de flores: coliflor, alcachofa, brécol, etc.

Plantas de fruto

Se distinguen según el siguiente criterio:

— plantas de pulpa blanda: pepino, pepinillo, calabaza, calabacín, melón, etc.;
— plantas de baya: pimiento, berenjena, tomate, etc.;
— plantas de vaina: haba, guisante, judía, soja y lenteja, entre otras muchas.

Plantas de raíz, bulbo y tubérculo

Se clasifican de la siguiente manera:

— plantas de bulbo: entre ellas destacan el ajo, la cebolla, el puerro, la escalonia, etc.;
— plantas de raíz: zanahoria, apio, nabo, remolacha, col, rábano, escorzonera, etc.;
— plantas de tubérculo: patata, topinambo o pataca, colirrábano, etc.

Acebo

Es un arbusto perennifolio que pertenece a la familia de las aquifoliáceas, originario de Europa meridional, de hojas brillantes, ovales o puntiagudas, y pequeñas flores de color blanco o rosa que aparecen al finalizar la primavera.

Tiene propiedades terapéuticas, tónicas, expectorantes y febrífugas. Con las hojas y la corteza se preparan decocciones contra la artritis, y el vino tónico que se obtiene ayuda a curar los trastornos hepáticos.

Multiplicación: por estacas en primavera o por semillas al inicio de la primavera o en otoño.

Suelo: fresco y orgánico, añadiéndole arena.

Floración: en mayo y junio.

Cuidados especiales: se debe regar dos veces a la semana y podar a finales de otoño.

Acedera

Se trata de una planta vivaz y aromática de la familia de las poligonáceas, muy extendida en nuestro país y fácilmente cultivable en el huerto. Tiene hojas carnosas de sabor acidulado, debido al porcentaje de oxalato cálcico. Se usa en algunas comidas, sobre todo para las ensaladas.

Al ser rica en vitamina C, posee virtudes terapéuticas. La infusión de sus hojas es un buen depurativo y descongestionante; la decocción, restregándola entre las manos, combate la transpiración excesiva.

Multiplicación: en primavera, por parte de planta o por semillas.

Cuidados especiales: si se siembra por semillas, es necesario hacer un aclareo apenas lo permita la altura de las plantitas. Se regará abundantemente para facilitar el arraigo y se renovarán los cultivos cada cuatro años. Los abonos que serán necesarios son el nitrógeno orgánico, la sangre seca y los residuos córneos triturados.

Recolección: transcurridos dos meses de la siembra o de la implantación. Se cortan las hojas que rodean la planta, respetando la parte central, ya que la acedera muere en invierno; es aconsejable conservar las hojas en tarros herméticos esterilizados.

Acelga

Es una planta bianual, pero de cultivo anual, perteneciente a la familia de las quenopodáceas. Apreciada por sus hojas verdes y su tallo, que se consumen como las espinacas y los cardos, respectivamente.

Suelo: permeable, fértil; la acelga puede cultivarse en cualquier clima.

Siembra: escalonada, casi todo el año, excepto en los dos meses más rigurosos de invierno, en surcos, al sol o a media sombra. En marzo y abril se siembra en semillero, y desde junio hasta agosto se efectuará el trasplante a los surcos a 30 o 40 cm de separación.

Cuidados especiales: riegos frecuentes, sobre todo si la estación es seca.

Recolección: se deben cortar las hojas con frecuencia, hasta que alcancen el completo desarrollo.

Parásitos o enfermedades: la acelga es inmune a casi todo.

Variedades. Son las siguientes:

— común o de hoja precoz, de siembra primaveral u otoñal;
— común tardía, de siembra estival;
— amarilla de pencas violeta, con hojas de tamaño medio;
— amarilla de pencas plateadas: pencas de color blanco y hojas verde oscuro.

Achicoria

Pertenece a la familia de las asteráceas y se subdivide en *achicoria endibia* (o *escarola rizada*) y *amargón,* una variedad con raíces, también llamada *witloof.* Se la denomina erróneamente *endibia.*

Achicoria endibia

Está formada por un rosetón de hojas insertadas en un tallo bastante corto

Suelo: semicompacto.

Siembra: en semillero y en época diversa, según las variedades. No se debe sembrar antes de la primera mitad de mayo y es necesario vigilar que la variedad se adapte a la estación.

Trasplante: debe hacerse cuando las plantitas alcancen una altura de 10 o 15 cm.

Cuidados especiales: riegos abundantes, destrucción de las malas hierbas y descostrado de la tierra. Recalce y protección eventual del frío con paja. Para evitar que adquiera un sabor amargo, se blanquearán las hojas durante unos quince días, siguiendo el sistema que se prefiera.

Recolección: se efectúa a partir de octubre.

Parásitos y enfermedades: alacrán cebollero, afídidos, peronospora y gusano blanco.

Variedades. Son las siguientes:

— rizada fina de Italia: se siembra en lecho caliente en febrero y se trasplanta a plena tierra en abril; la cosecha principal es en julio;
— escarola redonda: se siembra en lecho caliente en febrero, se trasplanta en abril y se cosecha entre mayo y julio;
— rizada de verano: se siembra en marzo en lecho caliente, se trasplanta a plena tierra a mediados de julio y se cosecha en agosto;
— escarola blanca: se siembra en lecho caliente a finales de mayo, se trasplanta a plena tierra a mediados de junio y se cosecha en agosto;
— rizada perruca: se siembra en lecho caliente a mediados de junio, se trasplanta a plena tierra a mediados de julio y se cosecha entre septiembre y octubre;
— escarola de invierno belga: se siembra en julio en caliente, se trasplanta a plena tierra en agosto y septiembre, y se cosecha de noviembre a marzo.

Amargón

Es una planta bastante apreciada, de la que se consumen las hojas y las raíces. Tiene propiedades depurativas, laxantes y diuréticas.

Suelo: poco húmedo, bien expuesto al sol.

Siembra: de abril a agosto, según la variedad, en semillero o de asiento en surcos separados por unos 30 cm.

Cuidados especiales: aclarado, dejando entre una planta y otra unos 5 cm; no se deben eliminar las hojas en plena vegetación; conviene descostrar la tierra, destruir las malas hierbas y cubrirlas, eventualmente, con hojas secas para conservar la humedad.

Las plantas que deban blanquearse (a finales de otoño y durante todo el invierno) se quitarán del campo enteras; se despuntarán las raíces y las hojas (a 2 cm del cuello), se volverán a poner las raíces en cajones que contengan arena y turba a partes iguales y se conservarán en locales a una temperatura no inferior a 10 °C. Se blanquearán en treinta días.

Recolección: de octubre en adelante, según la variedad.

Parásitos y enfermedades: la achicoria silvestre es prácticamente inmune.

Variedades. Son las siguientes:

— Witloof o belga, blanca precoz: se siembra en semillero o a plena tierra, en líneas, entre abril y mayo; se aclarea y se trasplanta entre junio y julio; a principios de noviembre se procede al blanqueo en la cava; se cosecha entre diciembre y enero;
— Witloof blanca: se siembra en semillero o a plena tierra en líneas; se trasplanta en julio; se blanquea en noviembre y se cosecha en marzo;
— roja de Verona y sus variedades: achicoria rubia, roja de Treviso, roja de chioga, y verde. Se siembra directamente en el huerto en julio, se trasplanta en agosto y se cosecha en noviembre;
— barba de capuchino o achicoria silvestre mejorada: se siembra a plena tierra en abril; se aclarea y trasplanta en mayo; se cosecha en enero y febrero. El forzado y el blanqueo se hace como en la variedad Witloof.

Ajedrea

Se trata de una planta herbácea aromática provista de raíz principal, usada para condimentar algunas comidas a base de legumbres; pertenece a la familia de las labiadas y se caracteriza por sus hojas lanceoladas y sus flores blancas punteadas de rosa. Cura los trastornos intestinales.

Suelo: seco.

Siembra: en abril o en septiembre.

Trasplante: en mayo o en verano.

Ajo

Esta planta herbácea, originaria del Asia central y perteneciente a la familia de las liliáceas, está formada por ocho o diez bulbillos (los dientes) cubiertos por una delgada película de color blanco o rosado.

Es un alimento de gran valor y muy apreciado por sus virtudes terapéuticas, ya que es hipertensor, un excelente vermífugo y un desinfectante de las vías respiratorias.

Plantación: se plantan los bulbillos en otoño, o en primavera si el invierno es riguroso; para una producción primaveral, se planta en octubre; para una producción que quiera conservarse en invierno, se planta de enero a marzo.

Suelo: suelto y fresco, lo que permite evitar los riegos.

Cuidados especiales: se ara dos o tres veces mientras crecen las plantas; los aclarados y los riegos, siempre moderados, deben llevarse a cabo en primavera.

Es necesario arrancar aquellas plantas que tengan alguna deformidad. El abono debe ser a base de fósforo, potasio, magnesio y calcio.

Recolección: el bulbo del ajo está maduro a partir de junio; se recogen cuando los tallos y las hojas amarillean, arrancándolo cuando la temperatura sea seca y dejándolo transpirar uno o dos días en el mismo sitio. Después se cuelgan en un lugar ventilado. En algunas regiones se forman unos trenzados llamados *ristras, mancuernos* y *horcas,* colocando las cabezas hacia el interior de las trenzas, lo cual permite una mejor conservación.

Parásitos y enfermedades: puede ser atacado por la mosca de las cebollas y por enfermedades criptogámicas, antes de que la yema salga del sustrato de siembra.

Variedades: son las siguientes:

— ajo blanco común: se planta en la primera mitad de enero o en noviembre y diciembre. También se puede forzar el crecimiento bajo campana. Se cosecha de junio a diciembre;
— ajo rosa: se planta a mediados de febrero; sólo se consume fresco. Se cosecha en julio y agosto;
— ajo rosa temprano: se planta a mediados de marzo o abril, en clima seco. Se cosecha entre mayo y julio, aunque si se planta bajo campana puede adelantarse.

Albahaca

Es una planta aromática de la familia de las lamiáceas, originaria del Asia meridional e importada a nuestro continente desde hace un siglo. Se emplea para condimentar muchos platos. Es una planta herbácea anual de color verde vivo con hojas lanceoladas, dentadas o enteras, que así forman una pequeña mata. Tiene propiedades digestivas, y la infusión que se obtiene es un tónico de gran efecto.

Multiplicación: por semillas, en primavera.

Siembra: en maceta, semillero o en un suelo fresco expuesto al sol (de abril a agosto) que debe cubrirse con finas capas de tierra aplanada con un pisón; también puede sembrarse en lecho o en un lugar resguardado de marzo a mayo, y en invernadero, de octubre a enero.

Trasplante: se efectúa cuando las plantitas son suficientemente altas, colocándolas a unos 30 o 40 cm unas de otras.

Floración: entre junio y septiembre.

Cuidados especiales: la albahaca es muy sensible al frío, a la sequía y a la humedad excesiva. Necesita riegos regulares.

Recolección: entre mayo y septiembre, unos 60 días después de la siembra; conviene desprender las hojitas cada vez que sirvan.

Variedades. Son las siguientes:

— de hoja larga: de hojas revueltas y aroma sutil;
— verde común de hoja media, perfumadísima;
— verde común de hoja pequeña, bastante perfumada;
— pequeña compacta: de hojas revueltas y perfume especial;
— pequeña compacta violeta: de hojas compactas y oscuras, de color violado, muy perfumadas.

Alcachofa

Es una planta vivaz, que pertenece a la familia de las asteráceas, conocida en Europa desde la antigua Roma. Se consumen las inflorescencias, el pedúnculo y el corazón. Contiene hierro, enzimas y vitaminas. Sus hojas, en decocción, son colagogas, diuréticas y laxantes.

Plantación: se efectúa después de haber preparado el suelo con labores profundas y de haber abonado con estiércol maduro y productos a base de nitrógeno. Cuando hayan arraigado, se emplean productos a base de dióxido de fósforo. Para obtener el producto en primavera se plantan en octubre, después del reposo estival, en surcos, colocardo las plantitas a 1,5 m de distancia. Para el producto otoñal e invernal, se hace la plantación en primavera. Para la primera plantación deben comprarse las plantitas; después, hasta el final de la producción, se podrán sacar los retoños de la alcachofa. Cada plantita debe enterrarse a bastante profundidad y regarse.

Multiplicación: se efectúa por medio de hijuelos, es decir, por retoños que se desarrollan en el pie (rizoma) subterráneo de la planta madre. También se puede hacer la multiplicación por medio de una parte del tallo, o por semillas, pero siempre, es preferible el primer método, ya que no es muy seguro el éxito del segundo.

Suelo: arcilloso-calcáreo o arcilloso-silícico, fresco y fértil.

Cuidados especiales: las alcachofas necesitan humedad. A finales de invierno se procederá al abonado con estiércol maduro. En las zonas más frías, antes de las heladas, es necesario un recalce así como tapar las plantas con paja y hojas.

Recolección: las alcachofas deben recogerse cuando aún tienen las escamas muy apretadas. Si se desea que la inflorescencia apical se haga grande, es necesario eliminar las pequeñas laterales.

Variedades. Se clasifican en reflorecientes y no reflorecientes, espinosas y no espinosas:

— verde: gruesa romana (espinosa), verde de Laón o París, verde de Provenza;
— violeta: de Navarra, perpetua, violeta temprana.

Alcaparra

Es un arbusto vivaz y bastante decorativo que crece en las regiones mediterráneas y pertenece a la familia de las caparidáceas.

69

Vive en zonas templadas orientadas al sur. Se emplean los botones florales que, conservados en vinagre o sal, sirven para enriquecer salsas y platos. Su cultivo es bastante rentable.

Plantación: en plena tierra, colocando las plantitas a una distancia de 1 o 2 m entre sí, cubriendo las raíces con tierra arcillosa.

Suelo: arcilloso, rico en cal.

Siembra: también con retraso en primavera, en semillero o en cajones. Las plantitas, repicadas, se conservan hasta el año siguiente.

Cuidados especiales: a finales de invierno se cortarán las ramas unos 15 cm, a fin de regular la longitud de las nuevas ramitas.

Recolección: al recoger los botones florales debe tenerse en cuenta que, cuanto más pequeños, son más apreciados.

Alquequenje

Se trata de una planta anual, vivaz, que pertenece a la familia de las solanáceas; se cultiva como el tomate y el pimiento. Su fruto, que parece una pequeña cereza, tiene un sabor agridulce y está dentro de una cáscara, formada por un cáliz vesiculoso de color amarillo y rojo; se consume en mermelada o en su estado natural. En pastelería, se emplea para postres especiales, por ejemplo cubierto de chocolate. Al tener propiedades depurativas y diuréticas, los frutos se secan y conservan en tarros de cristal.

Siembra: en febrero o en marzo, en cajones tapados con cristal y guardados en un lugar templado.

Trasplante: en mayo, colocando las plantitas a 1 m de distancia, unas de otras.

Recolección: en septiembre.

Altea

Esta planta herbácea perenne, originaria de China, pertenece a la familia de las malváceas; también llamada *malvarrosa,* tiene un tallo erecto que puede alcanzar 1 m de altura; sus hojas son lobuladas y las flores de color blanco, rosa o amarillo.

Multiplicación: por semillas y también por división de matas a finales de la floración.

Suelo: debe estar bien abonado y expuesto a pleno sol.

Floración: entre junio y agosto.

Recolección: las hojas y las flores se recogen durante todo el verano y las raíces entre otoño y primavera.

La altea tiene propiedades emolientes, descongestivas y calmantes. Las raíces, las hojas y las flores secas se emplean, en infusión, contra la tos y contra el reuma; además, mitigan el dolor de las quemaduras.

Aneto

Esta planta anual, originaria de la India, pertenece a la familia de las apiáceas; recibe también el nombre de *hinojo fétido,* y sus semillas se emplean para condimentar diversos platos y conservas y para elaborar un licor especial, parecido al anisete, sucedáneo del anís.

Plantación: en plena tierra, en marzo y abril, poniendo tres o cuatro semillas en los agujeros, separados unos 40 cm.

Cuidados especiales: riegos abundantes durante el crecimiento, menos frecuentes después de la floración.

Recolección: en agosto; las semillas deben conservarse en un lugar seco.

El aneto tiene propiedades estimulantes; la infusión que se obtiene es un buen antivomitivo y un antiinflamatorio bucal muy eficaz. El té de aneto es un tranquilizante y facilita la digestión.

Apio

Planta bisanual de la familia de las apiáceas, de la que se consumen los peciolos de las hojas blancas, carnosas y alargadas. Se emplea en la cocina, ya sea como plato o como condimento.

Suelo: bien abonado y suelto.

Siembra: en semillero entre marzo y abril, y en plena tierra entre mayo y junio. También se puede hacer el cultivo forzado, en un túnel de polietileno hacia febrero, o en invernadero caliente hasta noviembre. En octubre, la siembra debe hacerse en lecho caliente; al trasplantar las plantitas a los cajones hay que dejar 10 cm de separación.

Trasplante: en plena tierra de abril a junio, con una separación de 40 cm.

Cuidados especiales: los riegos deben ser abundantes en el periodo vegetativo, a fin de evitar el endurecimiento de los peciolos, y el abonado de la superficie debe hacerse con productos a base de nitrógeno y nitroamoniacales.

Recolección: debe hacerse a finales del verano, antes del frío. Las hojas pueden ponerse a secar y conservarse en tarros de cristal para dar sabor a las sopas.

Parásitos y enfermedades: entre las enfermedades citaremos: las royas y las septarias, con manchas rojizas que hacen morir a la planta. Se combaten con irrigaciones de caldo bordelés.
    Entre los insectos: el alacrán cebollero y la mosca del apio, cuyas larvas hacen caer las hojas; se combaten con insecticidas a base de ésteres fosfóricos.

El frío prematuro causa numerosos daños en el apio, por ello es necesario recalzar las plantas.

Variedades. Son las siguientes:

— blanco lleno de América: ccn pencas blancas y sin hilos. Se siembra en abril bajo cristal, se trasplanta en mayo, y se cosecha de octubre a diciembre;
— blanco fenomenal: con pencas blanquísimas sin hilos. Se siembra a finales de enero en lecho caliente, se trasplanta en marzo y abril, se cosecha de agosto a septiembre y se blanquea en la plantación;
— apio de Asti: con pencas largas. Usado, principalmente, en la industria conservera;
— dorado: con pencas largas. Se siembra en semillero a mitad de marzo, donde se aclarea; se trasplanta en abril, se cosecha en septiembre y se blanquea en la plantación;
— apio de penca llena de verano: con penca larga. Se siembra en lecho caliente en enero; se trasplanta entre marzo y abril; se cosecha en agosto y septiembre y se blanquea en el cultivo;
— apio de penca llena de invierno: con penca llena bastante desarrollada. Se siembra siempre en cristalera a mediados de abril; se trasplanta en mayo, se cosecha de diciembre a mayo y se blanquea en surco en el huerto;
— Montevarchi: presenta una penca ancha, llena y bastante desarrollada.

Apio de hojas

Es una planta perteneciente a la familia de las apiáceas, de la que se emplean las hojas aromáticas, semejantes a las del perejil, para condimentar algunos platos. Tiene propiedades estimulantes, diuréticas y su decocción ayuda en las digestiones pesadas.

Se cultiva como el apio, excepto en lo que se refiere al blanqueo.

Apiorrábano

Llamado también *apionabo*; es una hortaliza que pertenece a la familia de las apiáceas de la que sólo se comen las raíces, por lo que no es necesario blanquearla.

Suelo: rico, bien abonado.

Cuidados especiales: recalce para proteger la parte de las raíces que permanecen fuera de la tierra; riegos.

Recolección: la parte comestible debe ser conservada en lugares secos, bajo una capa de arena ligeramente húmeda.

Parásitos y enfermedades: la mosca del apio, que se combate con insecticidas a base de ésteres fosfóricos.

Variedades. Son las siguientes:

— gigante de Praga: se siembra en un semillero protegido a fines de marzo, se aclarea en abril y se cosecha entre octubre y mayo;
— Irán: se siembra en lecho tibio en febrero, se cultiva en cristalera, se aclarea a finales de abril, se trasplanta en mayo y se cosecha en agosto y septiembre;
— blanco redondo: se siembra en lecho caliente en febrero, se aclarea en abril y mayo y se cosecha en agosto y septiembre.

Arándano

Este pequeño arbusto, de unos 50 cm de altura y que pertenece a la familia de las ericáceas, crece espontáneamente en todos los países de Europa. Su fruto aromático se emplea para preparar mermeladas y gelatinas. La selección del arbusto ha llevado a la producción de frutos gigantes, bastante buscados. Preparado en decocción, el fruto del arándano tiene propiedades antifermentativas y digestivas.

Plantación: se planta a finales de febrero, a media sombra, en agujeros abonados convenientemente y a 1 m de distancia. Después, los agujeros se rellenan con tierra mezclada con turba o arena.

Suelo: fresco y ácido, con un pH de 4,5. Si la tierra no es lo suficientemente ácida, es necesario prepararla añadiendo estiércol, turba, mantillo de hojas y estiércol maduro.

Cuidados especiales: conviene podarlo tres años después de la plantación, en otoño, eliminando las ramas pequeñas y bajas. El abono se renueva cada año.

Recolección: en julio, agosto y septiembre. La producción dura unos diez años.

Parásitos y enfermedades: afídidos y enfermedades criptogámicas (royas), que se combaten con irrigaciones a base de azufre cada quince días a partir del arraigo.

Variedades. Son las siguientes:

— semiprecoces: Berckley, bastante productiva; Blueray, de mesa;
— precoces: Bluette, resistente al frío;
— tardías: Coville, de fruto acídulo: darrow, bastante productiva.

Batata o boniato

Es una planta vivaz, originaria de América Central, que pertenece a la familia de las convolvuláceas. Sus tubérculos, ricos en almidón, se consumen cocidos, poco condimentados, hervidos o asados.

Multiplicación: se lleva a cabo en marzo y abril mediante trozos de tubérculos puestos a germinar en un ambiente cálido y húmedo; los agujeros deben ser de 40 cm de profundidad; una vez cubiertos, debe apretarse bien la tierra. Para favorecer el arraigo, es necesario regar inmediatamente después de efectuar la plantación.

Suelo: suelto.

Cuidados especiales: escarda cuidada, abonado de superficie.

Recolección: un poco antes del otoño; los tubérculos se conservan en bodegas.

Como planta ornamental, la batata puede cultivarse en agua.

Berenjena

Es una planta anual de ciclo estival y origen asiático que pertenece a la familia de las solanáceas. Sus frutos tienen forma de baya y son blancos, violetas o incluso amarillos. Se consumen cocidas de diferentes maneras. Contienen vitaminas A, B_1 y B_2, proteínas e hidratos de carbono.

Suelo: debe ser mullido y rico, y tiene que ararse en profundidad y abonarse con estiércol y abonos químicos a base de fósforo y potasio.

Siembra: en semilleros bajo túnel o en cajoneras cubiertas con arena, según la variedad.

Trasplante: en surcos separados unos 70 cm ; se colocan las plantitas a 50 cm de profundidad, se tapan con tierra y se aprieta con las manos alrededor de estas. Se puede hacer el cultivo forzado, en un invernadero caliente, durante los ciclos invernal, de otoño y primavera, de primavera y de primavera y verano, según las zonas.

Cuidados especiales: poda, desmochado, eliminación de tallos secundarios, riegos regulares, desherbado.

Recolección: escalonada, según las necesidades. Se debe consumir enseguida.

Parásitos y enfermedades: podredumbres en las hojas, peronospora; se combaten con fungicidas.

Variedades. Son las siguientes:

— redonda morada acostillada: presenta un color violeta. La siembra se realiza en semillero, en enero o febrero; se aclarea en la cajonera; se trasplanta en marzo y abril; se cosecha de junio a agosto;
— larga negra: es un fruto alargado de color violeta. Se siembra en cajonera entre marzo y abril, con un aclareo previo, y se trasplanta en mayo. Se cosecha de agosto a octubre;
— larga morada: es un fruto grande alargado, de color violeta oscuro. Se siembra en abril en una cajonera, con un aclareo previo, y se trasplanta entre mayo y junio. Se cosecha entre septiembre y diciembre;
— común pálida: es un fruto redondo de pulpa compacta y poco ácida, con piel de color violeta claro. Se siembra en cajonera entre marzo y abril, con un aclareo previo, y se trasplanta en mayo. Se cosecha de agosto a septiembre;
— violeta enana precoz: se siembra en abril en una cajonera; se aclarea en el semillero, se trasplanta en mayo y junio y se cosecha de septiembre a diciembre.

Berro de agua

Esta planta vivaz, herbácea, acuática y muy ramificada, pertenece a la familia de las brasicáceas. Se usan las hojas picantes y el final de las yemas para aromatizar algunos platos. El berro es bastante rico en vitaminas y sales y tiene propiedades depurativas y refrescantes.

Siembra: a voleo o por diversión de matas, pero también puede cultivarse en cajonera.

Trasplante: en zanjas de 30 cm de profundidad, en las que se colocará una capa de estiércol cubierta con mantillo.

Cuidados especiales: riegos abundantes.

Recolección: antes de la floración, desmochando los brotes.

Berro de jardín

Esta planta aromática anual pertenece a la familia de las brasicáceas; se consume en las ensaladas. También tiene propiedades depurativas, como el berro de agua.

Siembra: en febrero, o escalonadamente, cada mes, en semillero de mantillo fino.

Cuidados especiales: riegos con un chorro fino de agua.

Recolección: cuando la planta tenga 15 cm de altura.

Borraja

Esta planta que vive en las regiones templadas y cálidas pertenece a la familia de las borragináceas y es bastante útil para enriquecer el sabor de sopas y ensaladas. Como planta medicinal se emplean sus hojas en decocción contra la tos y el reuma.

Siembra: en primavera y en otoño; es bastante sencilla de cultivar.

Recolección: de mayo a agosto.

Calabaza

La calabaza de invierno, una planta de tallo trepador perteneciente a la familia de las cucurbitáceas, tiene un fruto de diversa forma y tamaño. Originaria de América y de Asia, se consume desde tiempo inmemorial cocida, hervida, junto con otras verduras, en sopas, al horno, o en forma de rellenos.

Suelo: fértil y fresco, bien roturado.

Siembra: en abril y mayo, después de las heladas, en agujeros separados unos 2 m entre sí, poniendo dos o tres semillas en cada uno. También se puede hacer el cultivo por anticipado, en cajonera.

Cuidados especiales: durante el desarrollo de las plantitas se procede al desmochado y al aclareo.
El abonado debe ser de cobertura con productos a base de nitrógeno y fósforo; conviene hacer un aclareo; los riegos deben ser abundantes.

Recolección: escalonada; se efectúa en octubre, cuando las flores están a punto de abrirse; después, se conservan las calabazas en un lugar bien ventilado.

Parásitos y enfermedades: mal blanco (véase la entrada «Pepino»).

Calabacín

Es el fruto de la calabaza, cosechado cuando aún no está maduro. Se consume cocido.

Suelo: bien abonado con estiércol.

Siembra: después de las heladas, pero también en lecho caliente, según las variedades.

Cuidados especiales: riegos constantes, abonado con abonos compuestos.

Variedades. Son las siguientes:

— verde de Italia: largo, de color verde. La siembra es directa a partir de febrero. La cosecha de junio a septiembre;
— blanco precoz: Virginia. En estas variedades se procederá como en el grupo anterior;
— de fruto corto estriado, medio largo alistado: se siembra en febrero en lecho caliente; se trasplanta en mayo y se cosecha en septiembre.

Cardillo

Es una clase de cardo originario de España que puede alcanzar 80 cm de altura. Se trata de una planta ramosa que soporta bien un suelo pobre. Poco cultivada, a causa de sus hojas espinosas, tiene, por otra parte, una excelente raíz de color blanco, comestible.

Siembra: en primavera, en un suelo preparado con labores profundas, a voleo o en líneas. Riegos abundantes durante todo el verano. Abonado.

Recolección: en otoño y en invierno.

Cardo

Planta anual, que pertenece a la familia de las asteráceas, extendida desde las islas Canarias al África boreal, desde Europa hasta Japón. Aunque su tallo es más alto y la nervadura de sus hojas más carnosa, posee muchas analogías con la alcachofa. Se consume cocinado de diversas formas: hervido, con mantequilla, etcétera. Tiene propiedades tónicas y diuréticas; como decocción ayuda a hacer la digestión.

Siembra: es directa, en un suelo bien abonado, durante abril y mayo, en surcos separados 1 m entre sí. En cada agujero, de 5 cm de profundidad, se colocarán tres o cuatro semillas y se taparán con tierra bien apretada. Cuando las plantitas hayan nacido, se hará un primer aclareo y al poco tiempo otro más, dejando una plantita en cada agujero. La siembra en semillero debe ser en abril y mayo, efectuando el trasplante entre julio y agosto, en surcos bastante profundos.

Cuidados especiales: escardas diversas y abonados de cobertura con estiércol y productos fosfonitrogenados, seguidos de riegos. Los recalces deben hacerse manteniendo la planta muy recta y regándola abundantemente.

Blanqueo: también se efectúa para evitar las heladas, manteniendo la parte comestible de la planta lejos de la luz durante veinte o treinta días y tapándola (véase el apartado relativo al blanqueo).

Recolección: en otoño (septiembre y octubre) o a principios de invierno. En las regiones muy frías, las plantas deben extraerse con su pan de tierra antes del invierno y conservarse en un hoyo tapado con paja. Asimismo, los cardos pueden guardarse en lugares ventilados hasta el mes de abril; en tal caso, las plantas, con su pan de tierra, deben taparse con arena húmeda.

Variedades. Son las siguientes:

— lleno y sin pinchos: con hojas sin espinas, gruesas y carnosas;
— espinoso de Tours: espinoso, de pencas carnosas y llenas;
— lleno blanco mejorado: sin espinas, pencas que blanquean naturalmente;
— de España: variedad vigorosa, de penca bien blanca, grande y sin espinas;
— blanco de Ivoire: pencas muy anchas, muy blancas y sin espinas.

Cebolla

Es una planta herbácea originaria de Asia central que pertenece a la familia de las liliáceas. Tiene hojas cilíndricas, y el bulbo, comestible, tiene unas escamas carnosas superpuestas. En España se cultivan tres clases: de invierno, de verano (que deben consumirse enseguida) y para conservar en vinagre, si bien sus variedades son muy numerosas. En líneas generales, puede distinguirse entre cebollas de verano, de invierno, de bulbo blanco y de bulbo rosado. Tiene propiedades diuréticas, vasodilatadoras, antidiabéticas y antipletóricas.

Suelo: silícico, ligero y poco húmedo.

Siembra: de febrero a septiembre y, según la variedad, en cajonera.

Trasplante: de marzo a octubre, según la variedad, colocando las plantitas a 15 cm de distancia unas de otras.

Cuidados especiales: aclareo, cavas ligeras y escardas; en lo relativo a las cebollas de invierno, pocos riegos especiales.

Abonado: anual, con estiércol abundante, para hacer la tierra especialmente fértil.

Recolección: de enero a diciembre y, según las variedades, como se indica más abajo.

Se arrancan los bulbos con la mano, se sacuden y se dejan sobre el suelo uno o dos días para que transpiren. Cuando están secos se enristran y se cuelgan.

Parásitos y enfermedades: los más frecuentes son la peronospora, el moho, la herrumbre, la podredumbre de los tallos, el tizón o carbón del puerro y la mosca de la cebolla; se combaten con tratamientos específicos e insecticidas.

Variedades. Son las siguientes:

— recolección entre diciembre y abril: la rosa pálida de Niort, roja-morada de Zulla y amarilla Virtudes se siembran en febrero y se plantan en marzo;

- recolección entre mayo y junio: la blanca francesa y la italiana se siembran en semillero entre agosto y septiembre y se plantan a finales de febrero o a finales de octubre;
- recolección de junio a octubre: la blanca precoz y la blanca precocísima de Barletta se siembran en febrero y marzo y se trasplantan de marzo a abril;
- recolección de julio a diciembre: la blanca virtudes y la amarilla de Mulhouse se siembran en mayo del año precedente y se trasplantan en marzo. La rosa de Brunswick y la amarilla de España se siembran en líneas entre febrero y marzo;
- recolección de julio a enero: la amarilla de Mulhouse y la amarilla de Virtudes se siembran en mayo del año precedente y se trasplantan en marzo, en hileras.

Las variedades cultivadas para encurtir son:
- precocísima de Barletta;
- eclipse americana;
- crystal war;
- tropea.

Todas se siembran directamente entre febrero y marzo en forma compacta. Se cosechan entre julio y agosto.

Otras variedades de cebolla son:
- sangre de buey o roja temprana: se siembra entre agosto y septiembre y se cosecha entre mayo y junio;
- blanca de Lérida, colorada de Figueras, morada de Amposta y valenciana de exportación: se siembran de agosto a septiembre y se cosechan en julio.

Champiñón

Los hongos, vegetales del grupo talofitas, no tienen hojas ni flores. Cuando no son parásitos, se nutren de materia orgánica en descomposición y reciben el nombre de saprófitos. De sus esporas nacen filamentos, que constituyen el micelio.
    La técnica de cultivo puede dividirse en tres fases:

— preparación del sustrato de cultivo;
— desarrollo del micelio;
— producción de los cuerpos frutíferos.

El mejor sustrato es el estiércol de caballo, que debe dejarse fermentar al aire libre durante diez días hasta que su temperatura alcance 70 °C. A continuación, se comenzará a remover para que las partes externas vayan al centro, y se apretará cuidadosamente.

Los champiñones crecerán en una cajonera dispuesta en una bodega o un sitio acondicionado.

Cuando la temperatura se haya estabilizado a 25 °C, se efectuará la siembra del micelio, que debe comprarse ya preparado, distribuyendo las pequeñas masas en el suelo a una distancia de 30 cm una de otra y a una profundidad de 5 cm, tapándolas con cuidado y apretándolas muy bien. Los filamentos blancos del hongo aparecerán después de diez días, y deberán taparse, a su vez, con una capa de 4 cm de tierra calcárea y arenosa abonada con sulfato amónico. El micelio inicia entonces la formación de los cuerpos frutíferos, que se prolongará durante casi tres meses.

Cultivo a fermentación abreviada

Esta modalidad es más rentable que la anterior. A falta de estiércol de caballo, puede prepararse la masa con paja, a la que se añadirán los activadores que se encuentran en el comercio (a base de amoníaco).

Esta preparación se dejará fermentar durante diez días, removiéndola de vez en cuando. La siembra debe efectuarse en un ambiente acondicionado, a voleo, y a una temperatura de 28 °C; o en agujero con una temperatura de 22 o 24 °C. Si cubrimos la superficie en sus dos terceras partes, el micelio se desarrollará entre 18 y 20 días. A continuación, taparemos el sustrato con tierra porosa a la que habremos añadido cal. Al cabo de unos pocos días, empezará la producción y la recolección se hará durante dos meses.

Chayote

Planta vivaz tropical que pertenece a la familia de las cucurbitáceas, trepadora o colgante. Puede alcanzar varios metros de
longitud. Se cultiva y se consume como la calabaza.

Chirivía

Planta de la familia de las apiáceas, frecuente en sitios húmedos.
También se cultiva en el huerto por su gruesa raíz de color blanco
amarillento y agradable sabor.

Suelo: no debe ser ácido ni tener agua encharcada.

Siembra: en climas benignos hasta septiembre, en agujeros llenos
de mantillo dispuestos en hileras separadas unos 30 cm y de
20 cm de profundidad. Se pondrán tres semillas en cada hoyo,
apretando ligeramente la tierra.

Cuidados especiales: aclareo cuando las plantitas tengan tres hojas.
Riegos regulares, sobre todo en la fase de desarrollo; abonos
oportunos.

Recolección: en otoño e invierno, excavando ligeramente la tierra
y arrancando las raíces con la mano.

Parásitos y enfermedades: cáncer de las raíces.

Variedades: la más importante y la más conocida es la chirivía
media larga de Guernesey.

Coles

Son plantas de tallo erecto, de remota antigüedad, con hojas lobuladas y flores reunidas en racimos, que pertenecen a la familia
de las brasicáceas y comprenden numerosas variedades de las que

daremos detallada información. Se consumen hervidas como guarnición de varios platos. Poseen las vitaminas A, B y U antiulcerosa. El jugo de la col, tomado con cuchara, puede ayudar a la curación de la úlcera gástrica, la cirrosis y la nefritis. Sus hojas, sumergidas en un baño de ácido bórico, se usan como compresa en las contusiones. La variedad ornamental no es comestible.

Brécol

Se utiliza como la coliflor, de la que es un pariente muy cercano. Las variedades se diferencian por el color de la inflorescencia: blanco marfil, pajizo, amarillo o verdoso.

Variedades. Son las siguientes:

— precoz: se siembra en mayo, se trasplanta en junio y se cosecha en enero;
— violeta: se siembra en mayo, se trasplanta en julio y se cosecha en marzo;
— blanco: se siembra en mayo, se trasplanta en junio y julio, y se cosecha en marzo y abril;
— tardío: se siembra en junio con un aclareo cuidadoso, se trasplanta en julio y agosto, y se cosecha en mayo.

Brécol negro

Pertenece a la familia de la col brécol, y es bastante resistente al frío; no tiene cabeza, sino sólo hojas lisas o abolladas.

Siembra: como las otras coles, en mayo y junio, en mantillo mezclado con tierra y arena.

Trasplante: en julio y agosto.

Recolección: en invierno.

Variedades: son las siguientes:

— plumoso: con hojas más abolladas;
— cruzado: con hojas más rústicas.

Brécol rábano

Se consumen las inflorescencias llamadas *puntas de nabos.*

Suelo: compacto y rico.

Siembra: en semillero, a voleo, entre agosto y septiembre.

Trasplante: se colocan las plantitas a 50 cm una de otra, en un lugar resguardado.

Cuidados especiales: el aclareo debe hacerse cuando las plantitas tienen más de 1 cm. Deben aborarse con productos nitrogenados, practicando escardas y riegos abundantes.

Recolección: escalonada, arrancando los brécoles con la mano para aumentar la producción antes de que florezcan.

Variedades. Son las siguientes:

— precoz de Bari;
— tardío de Bari;
— cuarenteno (se cosecha cuarenta días después de la siembra);
— sesenteno (se cosecha sesenta días después de la siembra).

Col berza

Se caracteriza por sus hojas arrugadas.

Suelo: debe ser fértil y bien roturado.

Siembra: entre febrero y abril, de cara a la cosecha de verano y otoño, y en junio para la cosecha de invierno.

Trasplante: no hay que olvidar que entre las plantas debe mediar una distancia de 60 cm.

Recolección: escalonada, se efectúa cortando el pie de la planta a ras del suelo.

Variedades. Son las siguientes:

— col vertus: siembra a mediados de abril; trasplante a mediados de mayo; recolección de agosto a septiembre; aclareo en mayo;
— común de invierno: siembra a primeros de julio; trasplante a finales de julio; recolección de enero a marzo; aclareo de mitad de junio a mitad de julio.

Col brécol ramosa

Es una clase de col fácilmente cultivable en climas relativamente benignos. Se desarrolla más rápidamente que las otras variedades. Produce una cabeza central y numerosas inflorescencias axilares que, a menudo, son más sabrosas que la primera.

Siembra: en verano, aclarando lo menos posible.

Trasplante: después de cuarenta días, colocando las plantitas a 50 cm una de otra.

Cuidados especiales: riegos abundantes, especialmente en el momento del trasplante.

Recolección: en otoño, arrancando las cabezas antes de que florezcan.

Variedades. Son las siguientes:

— Brécol de Verona;
— verde calabrés precoz;
— romanesco.

Col de Bruselas

La planta es un tallo alto, a lo largo del cual se desarrollan muchas yemas en forma de pequeñas coles, que constituyen la parte comestible.

Suelo: pesado y no suelto.

Siembra: debe hacerse a voleo para la producción precoz de semillero durante los meses de abril y mayo. Para la producción tardía, en cambio, debe hacerse entre mayo y junio.

Trasplante: debe hacerse después de efectuar una plantación en semillero de espera, entre mayo y julio.

Cuidados especiales: desbrozado, riegos abundantes y abonados.

Recolección: en otoño y en invierno, partiendo de la base del tallo, deben arrancarse con la mano las coles que tengan la medida adecuada.

Variedades. Son las siguientes:

— corazón de buey: se siembra entre el 10 y el 15 de septiembre, se aclarea entre el 5 y el 10 de octubre y se trasplanta hacia el 25 de octubre;
— jade: se siembra el primero de marzo, se trasplanta entre el 20 y el 30 de abril y se cosecha entre junio y julio;
— de invierno o común: se siembra de enero a marzo, se trasplanta a finales de julio y se cosecha de enero a marzo;
— semienana de Halle: se siembra a finales de abril, se trasplanta entre el 25 y el 30 de mayo y se cosecha entre agosto y noviembre.

Col de China

Se parece a la lechuga romana; se consume cruda o cocida.

Siembra: de julio en adelante.

Trasplante: a 10 cm una de otra.

Cuidados especiales: se procede al aclareo después de la germinación; conviene regarla bastante; para mantener la planta compacta es necesario atarla cuando empieza a formarse el corazón.

Recolección: antes de que florezca.

Col marina

También pertenece a la familia de las brasicáceas; tiene un tallo erecto y ramificado, con hojas dentadas, y contiene hierro y vitaminas.

Suelo: bien drenado, con un pH aproximado de 6,5.

Siembra: de marzo a junio. También se multiplica por medio de trozos de raíces. Para acelerar dos años la cosecha se pueden preparar esquejes, que deben guardarse en reposo en otoño, época en que caen las hojas. Se arrancan las raíces, se atan en manojos y se entierran en cajoneras llenas de arena que se guardarán en un lugar fresco. Estos esquejes servirán para la primavera siguiente.

Blanqueo: en maceta, desde noviembre en adelante. Deben ponerse tres o cuatro raíces en una maceta que contenga mantillo y enterrarla, dejando la parte cortada de la raíz a ras del suelo. Hay que tapar una maceta con otra y ponerla en una habitación que tenga una temperatura constante de 10 °C. El blanqueo dura cuatro semanas; los pies deben extraerse en el momento de consumirla. Durante el segundo año de vida, el blanqueo también puede hacerse al aire libre, resguardando las plantas bajo una capa de tierra de 15 cm.

Ambos métodos, si se realizan en verano, darán una producción blanca en primavera. La col marina, sin blanquear, también es buena.

Col repollo

Se caracteriza por sus hojas lisas.

Suelo: fértil y bien abonado.

Siembra: durante buena parte del año. Para la cosecha de primavera, debe sembrarse en agosto, después en septiembre, octubre y diciembre; para la producción de invierno, se siembra de abril a junio. Los agujeros deben estar separados aproximadamente unos 50 cm.

Trasplante: para la producción de primavera, se trasplanta entre febrero y marzo; para la de otoño e invierno, un mes después de la siembra.

Cuidados especiales: es necesario proporcionar a las plantas riegos frecuentes y abundantes, especialmente durante la estación calurosa.

Abonado: de cobertura en el momento del arraigo; abonos ternarios con nitrógeno a gran escala o pozo negro.

Parásitos y enfermedades: enfermedades criptogámicas; hernia de la col, que se combate quemando a las plantitas parasitadas. Los parásitos más comunes son los pulgones de tierra, o álticas, que dañan las plantitas royendo sus hojas y que se combaten con insecticidas, así como las mariposas de la col, cuyas larvas viven en sus hojas y que se eliminan con tratamiento insecticida a base de arsénico.

Col roja o lombarda

De lento crecimiento; se consume en ensalada.

Siembra: entre junio y julio, en suelo suelto, en surcos separados por una distancia de 15 cm.

Trasplante: a 60 cm una de otra.

Cuidados especiales: abonados con un abono ternario.

Recolección: en invierno.

Variedades. Son las siguientes:

— color rojo oscuro;
— color pajizo;
— color rojo cabeza de negro.

Coliflor

Se come la cabeza, de color blanco, pajizo o violeta, formada por numerosísimas yemas florales estrechamente unidas.

Suelo: permeable profundo, rico en abono orgánico maduro.

Siembra: las variedades de otoño y de invierno se siembran en semilleros durante los meses de mayo y junio, y las tardías en julio y agosto. También se puede sembrar a voleo.

Trasplante: se realiza en julio para las variedades precoces que se recolectan en otoño y más tarde para las variedades tardías recolectables en invierno, en plena tierra, colocando las plantitas a 60 u 80 cm una de otra. Debe regarse abundantemente, enriqueciendo la tierra con abono orgánico y productos químicos. Las plantitas no deben trasplantarse cuando aún son tiernas, sino que es mejor colocarlas en un semillero de espera, enterrándolas hasta la primera hoja.

Cuidados especiales: debe mantenerse la humedad, regando dos veces al día en periodos de sequía, y en menor cantidad cuando las plantitas salgan de la tierra.

Parásitos y enfermedades: malas hierbas, larvas de la mariposa de la col y peronespora.

Variedades. Son las siguientes:

— precoces: extra temprana de otoño, Bola de nieve, Pava de Navidad. Se siembran en marzo y se cosechan en octubre;
— coliflor: coliflor de Nápoles, Gigante de Francfort. Se siembran en mayo y junio y se cosechan en invierno;
— tardías de Cuaresma, San José y Metropolitana. Se siembran en junio y se cosechan en primavera.

Colirrábano

Es una calidad de col con un tronco más grueso en la base; se consume el tallo y, si son tiernas, también las hojas.

Suelo: suelto, abonado, ligero.

Siembra: de mayo a junio y en semillero.

Trasplante: un mes después de la siembra.

Cuidados especiales: riegos antes del trasplante; escardas y riegos abundantes si la estación es muy seca. Abonado: después del arraigo, en cobertura, con productos nitrogenados a gran escala.

Recolección: de agosto en adelante, cuando los tallos tengan un diámetro de 8 cm.

Variedades. Son las siguientes:

— violeta de Viena;
— blanco de Viena precoz.

Comino

Esta planta aromática, originaria de Egipto y que pertenece a la familia de las umbelíferas, se emplea generalmente en pastelería y en la elaboración de licores.

Siembra: suele realizarse en los meses de marzo y abril en suelo bien preparado, o bien durante los meses de septiembre y octubre.

Floración: durante el verano siguiente.

Recolección: se recogen las semillas de la planta, que se conservarán secas.

Crosne de Japón

Conocida también como estachis, es una planta vivaz originaria de Extremo Oriente que pertenece a la familia de las lamiáceas; está formada por tubérculos subterráneos de color blanco, tiernos y comestibles. Se cultiva igual que la patata.

Plantación: se entierran los tubérculos a 10 cm de profundidad, a una distancia de 30 cm uno de otro y dejando una distancia de 40 cm entre las filas.

Multiplicación: se lleva a cabo por medio de tubérculos, en el mes de abril.

Suelo: preferentemente húmedo.

Cuidados especiales: riegos regulares, desbrozado; abonos ternarios.

Recolección: a partir de noviembre y durante todo el invierno. Es necesario guardar los pequeños rizomas para la plantación del año siguiente.

Diente de león

Llamada también *amargón* y *pelosilla,* es una planta herbácea, perenne, que pertenece a la familia de las asteráceas, con hojas dentadas, flores de color amarillo, ligulada, rica en vitaminas y azúcares, mucilaginosa y emoliente. Tiene propiedades depurativas y refrescantes. En la cocina se emplea cruda en ensalada y hervida como las espinacas.

Suelo: fresco, si es árido debe estar muy abonado, a ser posible con abono orgánico.

Siembra: en surcos, a unos 30 cm de distancia unos de otros; a mediados de julio, en hilera.

Cuidados especiales: aclareo, dejando las plantitas a 20 cm de distancia una de otra, extirpando el capullo cuando aparece. Las hojas deben emplearse enseguida; las raíces deben arrancarse en noviembre.

Recolección: de febrero a diciembre.

Variedades. Son las siguientes:

— mejorado de corazón compacto;
— mejorado gigante;
— común.

Las dos primeras variedades citadas deben blanquearse.

Eruca

Esta planta perteneciente a la familia de las brasicáceas, llamada también ruca, que tiene propiedades digestivas, estimulantes y depurativas, se emplea para aromatizar la ensalada.

Suelo: fresco, abonado.

Siembra: de marzo a agosto en líneas separadas 20 cm.

Cuidados especiales: riegos frecuentes durante la estación calurosa.

Recolección: dos meses después de la siembra.

Escaluña

Es una hortaliza de la familia de las liliáceas, originaria de Asia Menor. Tiene flores de color rojo o blanco y hojas divididas. Se emplea, en la cocina, como la cebolla.

Plantación: en primavera o en otoño, enterrando los bulbos.

Suelo: bien abonado.

Cuidados especiales: desbrozado y riegos regulares.

Recolección: los añadidos deben arrancarse de la tierra, limpiarlos y ponerlos a secar colgados en redecillas.

Parásitos y enfermedades: los mismos que la cebolla.

Escorzonera

Pertenece a la familia de las asteráceas. Sus raíces son negras por fuera y blancas por dentro.

Suelo: profundo, fresco, rico en mantillo y expuesto al sol. Hay que tener en cuenta que debe soportar los rigores invernales.

Siembra: de abril a mayo, según la variedad.

Cuidados especiales: riegos regulares, abonados con estiércol fermentado.

Recolección: en octubre, arrancando las raíces, que pueden consumirse cocidas o en ensaladas; con la llegada de los primeros fríos pueden blanquearse las yemas y comerse crudas, siempre en ensalada.

Variedades. Son las siguientes:

— gigante raza larga;
— negra gigante rusa.

Espárrago

Es una planta herbácea perenne que pertenece a la familia de las liliáceas y su origen es remoto. Rizomatosa, tiene raíces carnosas y cultivo perenne. Las plantitas de semillas se llaman *garras.* De las yemas del tallo se desarrollan unos brotes o renuevos, llamados *turiones,* que son la parte comestible en la primera fase del desarrollo.

Generalmente se consumen hervidos. Contienen azufre, calcio, fósforo, potasio y vitaminas; tienen propiedades diuréticas, calmantes y desintoxicantes, pero no son indicados para las personas que padecen afecciones en los riñones, en la vesícula o en el hígado.

Suelo: seco y permeable, con un pH de 5,6 o de 5,8 y añadiéndole abono orgánico.

Siembra: entre marzo y junio, en surcos separados entre 3 y 5 cm unos de otros. Cuando las plantitas estén bastante crecidas se hará un aclareo, dejando una distancia de 5 o 6 cm una de otra.

Trasplante: si se ha efectuado la siembra en junio, se extirpan los brotes y se trasplanta después de 12 o 18 meses; si se han sembrado en marzo, después de 2 años.

Preparación de la esparraguera: en marzo, se efectúa una escarda de, al menos, 50 cm y se excavarán agujeros de 20 cm de profundidad y 60 cm de anchura a una distancia de 120 o 160 cm uno de otro. A continuación, se extiende una capa de estiércol maduro, que se cubrirá con otra de tierra de 3 o 4 cm, sobre la que se dispondrán los brotes, cubriéndolos con una capa de tierra seca. Durante toda la primavera y en el transcurso del verano siguiente, se regará abundantemente y se abonará con preparados a base de nitrógeno, fosfonitrogenados y estiércol, haciendo una escarda.

En invierno, se extirparán los tallos que se han secado en otoño, dejando sólo el que indica el punto donde se encuentra la esparraguera. Se distribuirá estiércol nuevo. En el segundo año, se harán los mismos cuidados. En invierno, aún se quitarán los brotes y se abonará de nuevo, haciendo un recalce.

Recolección: se puede iniciar durante el tercer año, al menos en lo que concierne a las primeras puntas de espárragos, eliminando las malas hierbas; y continuar durante diez años, al final de los cuales se deberá renovar el cultivo, preparando una plantación nueva o añadiendo cada año una nueva fila a la esparraguera ya plantada, a fin de tener un ciclo y una producción continuos. Durante el cuarto año los cuidados quedarán reducidos al abonado. Durante el quinto, se extirparán, totalmente, los turiones, cortándolos en el punto de inserción con el rizoma, con un cuchillo especial.

Cuidados especiales: se indican en cada variedad. El abonado tendrá lugar a partir del cuarto año de cultivo, y será a base de estiércol, cloruro de potasio y sulfato potásico.

Parásitos y enfermedades: enfermedades criptogámicas (royas, fusarium, etc.), que se previenen con un buen drenaje. Por otra parte, el exceso de humedad favorece la propagación de hongos parásitos. En caso de fuertes ataques, se puede actuar con tratamientos de caldo bordelés. El criocero y la mosca del espárrago se combaten con irrigaciones de ésteres fosfóricos en el momento de su aparición.

Variedades. Son las siguientes:

— precoz de Argenteuil y su derivado Rosa Lhérault, de turiones violetas;

— blanco de Alemania, Colosa. de Cannover, de Ulma;
— rosado de Holanda: se cultiva en febrero, después del recalce, en líneas cubiertas de hojas de polietileno. Cuando el
espárrago apunta, se practica el entubado, que consiste en colocar un tubo lleno de tierra en cuyo interior crecerá el espárrago. La producción es en marzo o entre abril y mayo, cuando
se hace el recalce;
— tardío de Argenteuil;
— variedades españolas: «De Aranjuez» verde; «Morado de
Navarra» y «Blanco de Zaragoza».

Todas las variedades citadas pueden plantarse en lecho caliente
con brotes viejos y producen de julio a septiembre; sin embargo,
en invernadero, cajonera o bodega producen entre los meses de
enero y febrero.

Espinaca

Es una planta anual, originaria de Persia, que pertenece a la familia de las quenopodáceas. Sus hojas, de color verde oscuro y
a menudo rugosas, se consumen cocidas. La espinaca es rica en
hierro, fósforo, sodio, potasio, calcio y vitaminas A, B_1, C y E;
por ello tiene propiedades antianémicas. No es indicada para las
personas que padecen del hígado y del estómago.

Suelo: bien aireado, abonado y fresco. Para la producción de invierno es mejor escoger una parte del huerto bien expuesta al
sol; para la producción de verano es mejor una zona a media
sobra. Si el suelo es pobre en nitrógeno, es mejor intervenir con
abonados adecuados.

Siembra: en febrero para la producción de primavera, en agosto
para la producción de otoño y en otoño para la producción de
invierno.

Cuidados especiales: riegos abundantes cuando la estación es calurosa, para facilitar el crecimiento; en las otras estaciones sólo

es necesario regar si el suelo es seco. Es necesaria una protección con hojas, paja o túnel en los inviernos especialmente fríos. El aclareo debe realizarse lo antes posible y el abonado de cobertura se lleva a cabo con fertilizantes de pronto efecto.

Recolección: escalonada, extirpando las plantas cuando hayan alcanzado el punto exacto de madurez y recogiendo las hojas más exteriores cuando sean lo suficientemente carnosas.

Parásitos y enfermedades: la mosca Panz o de la remolacha. Los tratamientos, sin embargo, son inútiles, ya que su actividad se manifiesta en el momento de la recolección.

Variedades. Son las siguientes:

— monstruosa Viroflay, rizada de Asti, Fortuna, Viking: se siembran en agosto para consumirse entre septiembre y octubre;
— princesa Juliana, Nóbel, América, Gaundry: se siembran entre febrero y abril para consumirlas en junio;
— Virkade, Marathon, Samos: se siembran en semillero entre septiembre y noviembre para que puedan ser consumidas entre enero y marzo;
— gigante de verano: se siembra de mayo a julio para consumirse entre julio y septiembre.

Estragón

Es una planta herbácea en forma de mata, de origen euroasiático, que pertenece a la familia de las asteráceas. Empleada principalmente en la cocina francesa, las hojas también se suelen utilizar para aromatizar el vinagre y en la preparación de conservas.

Multiplicación: por semillas o por división de matas.

Siembra: en maceta o en plena tierra con una buena exposición al sol.

Cuidados especiales: riegos abundantes de los que, como del sustrato de cultivo, dependerá el perfume más o menos intenso de las plantitas.

Frambueso

Es una planta espinosa perteneciente a la familia de las rosáceas, con un fruto formado por pequeñas drupas unidas. Originario de Asia, se cultiva en Europa desde el año 1600, aunque hace solamente unos veinte años que se han creado las variedades que conocemos y utilizamos actualmente. El fruto es semejante al de la zarzamora, pero sus drupas son de un color rojo oscuro. Sus hojas, preparadas en decocción, tienen propiedades descongestivas.

Plantación: se realiza a partir de octubre hasta marzo, evitando los periodos de frío intenso y cavando una trinchera de 40 cm para colocar las plantas. Los hoyos deben rellenarse con una mezcla de mantillo y estiércol, y es mejor emplear las plantitas ya arraigadas que se encuentran en el comercio. En el otoño siguiente, el primer año de vida de la planta, se procederá a la colocación de tutores (bastones de 1,80 m de longitud y colocados a 10 m unos de otros). Entre estos tutores se colocarán dos hileras de alambre en los que se atarán las ramas del frambueso a medida que vayan creciendo.

Recolección: se da una sola vez en las variedades que no refloreцen y es escalonada en las que florecen.

Cuidados especiales: poda de las plantitas a 20 cm del suelo después de la plantación, y en los años sucesivos, hasta el cuarto año, cuando ya deberían tener de siete a ocho ramas principales.

Parásitos y enfermedades: numerosos parásitos vegetales y animales atacan el frambueso, además de algunas enfermedades víricas contra las que no hay cura. Sin embargo, es posible efectuar tratamientos preventivos contra las enfermedades criptogámicas en cuatro fases: a finales de invierno, en primavera, después de la floración y antes de la recolección.

Variedades. Son las siguientes:

— Schoeneman: fruto aromático con muchas semillas;
— Zeva: fruto carnoso;
— September: fruto de tamaño grueso, de color rojo vivo;
— Malling Exploit: fruto de tamaño muy grueso y color vivo.

Frambueso negro

Es una especie originaria de Estados Unidos, cuyos frutos tienen un sabor más ácido que el del frambueso. Es el resultado del cruce de la zarzamora con el frambueso. Se usa generalmente en la elaboración de gelatinas y mermeladas, siendo menos sabroso que el frambueso, pero de carne más blanda.

Suelo: expuesto al sol y abonado.

Plantación: de septiembre a marzo, evitando las heladas, en hoyos de 4 o 5 cm de profundidad en los que se habrá depositado una buena cantidad de estiércol. Las plantitas no deben enterrarse mucho y los tutores deben colocarse como los del frambueso.

Cuidados especiales: abonado manual, cortando las ramas secas a ras del suelo.

Recolección: entre finales de julio y finales de septiembre.

Parásitos y enfermedades: los mismos que el frambueso.

Fresa y fresón

Es una planta herbácea perenne que pertenece a la familia de las rosáceas. Su fino tallo sarmentoso, llamado *estolón,* se arrastra por el suelo; tiene unas hojas formadas por tres hojitas oviformes, redondeadas con bordes dentados. El receptáculo floral, en racimo y con flores blancas, se agranda y se hace carnoso después de la fecundación de los numerosos pistilos, tomando la forma de fruto. En realidad, los frutos son las pequeñas «nueces» oscuras, que contienen las semillas. El color de este «fruto» es rojo brillante y tiene un sabor y un perfume muy característicos. La fresa es rica en vitaminas y sales minerales y tiene propiedades astringentes, diuréticas, refrescantes, depurativas e hipertensoras. Con los rizomas y las hojas se preparan decocciones e infusiones.

Existen diversas clases de fresas y de fresones: de fruto pequeño, medio, grueso, de forma cónica o redondeada; con estolones o sin ellos, con flores o sin flores.

Multiplicación: las especies que tienen estolones se multiplican por medio de estos, y las que no los tienen se multiplican por una parte de la planta. Otras especies, en cambio, sólo se reproducen por semillas.

Plantación: se pueden plantar estolones frescos o bien conservados en el frigorífico, desde mediados de agosto a primeros de noviembre, en cajones que contengan mantillo tapados con un cristal; en junio y en agosto al aire libre. Para obtener nuevas plantitas destinadas a la plantación de variedades con estolones se creará el vivero, en un bancal de 2 m de largo en cuyo centro se dispondrán las plantitas en hileras separadas 50 cm unas de otras.

Suelo: debe ser semicompacto y bien roturado. Se planta en bancales de 1 m divididos en surcos de 30 cm de longitud y 15 cm de profundidad, en los que se colocarán las plantitas, dispuestas en cuatro hileras, a una distancia de 30 o 60 cm una de otra y según se planten fresas o fresones.

Recolección: puede durar un mes en las fresas que no vuelvan a florecer, y todo el verano en las que vuelvan a florecer.

Cultivo forzado: puede hacerse sobre lecho caliente, estufa, o en un túnel de polietileno o PVC, según las zonas. Las plantas dedicadas al cultivo deben cultivarse en macetitas en las que se hacen arraigar; en junio estas macetas deben trasladarse al vivero. Sobre ellos, se hacen coincidir los estolones en el punto exacto donde se desarrolla una yema. Cuando la planta haya arraigado, se efectuará el trasplante a macetas más grandes.

Cultivo en túnel: tiene dos fases:

a) producción y preparación de plantitas (como en la producción corriente);
b) formación y agotamiento del fresal.

Periodo de reposo: en las zonas de clima invernal suave se hará en el mes de junio, mientras que en aquellas en que el clima sea menos favorable se hará durante el mes de agosto.

Cultivo anticipado: en las zonas de clima benigno es posible anticipar la cosecha veinte días, tapando los fresales con túneles especiales durante los meses de enero y febrero.

Cuidados especiales: en general se hacen durante dos o tres años, tiempo que dura un fresal. Las fresas que florecen necesitan escardas, desbroces, riegos y abonados de cobertura con productos a base de nitrógeno y potasio. Los abonados, en particular, deben hacerse en el momento de la labor profunda con productos orgánicos con estiércol y a base de dióxido de fósforo. Después deben quitarse las malas hierbas con productos especiales de venta en los comercios.

Parásitos y enfermedades: moho gris; roya o manchas de las hojas *(Spharella fragarie)* que se manifiesta por unas manchas rojizas en las hojas y se combate con caldo bordelés.

Variedades. Son las siguientes:

— fresas de cultivo clásico en España: la fresa de Aranjuez y la de Valencia se producen en primavera; la fresa de Cuatro Estaciones se produce en primavera y en otoño;

— fresones típicos españoles: el fresón de Aranjuez, el de Logroño y el de Palos son todos de producción primaveral.

Variedades cultivadas en España de origen extranjero:

Precoces:
— Cambridge: fruto medio resistente al frío;
— Pocahontas: fruto alargado, resistente a la sequía.

Semitardías:
— senga sengana: destinada a la industria conservera;
— red gauntlet: usada, generalmente, en la preparación de jarabes.

De maduración media:
— Cambridge favorita: forma regular, pulpa rosada, bastante productiva;
— senga gigana: fruto grande de color rojo brillante, forma cónica; resistente a la sequía.
— Tioga: fruto regular, tamaño grande, color rojo vivo, forma cónica;
— gorella: para cultivo forzado en túnel; es un fruto grande de color rojo intenso.

Tardía:
— Red Star, Empire, Jersey belle.

Variedades californianas:
— Aliso, Lassen, Torrey.

Girasol

Planta anual, que pertenece a la familia de las asteráceas, con tallos erectos, robustos y vellosos, originaria de América del Sur; su flor está formada por innumerables florecillas: las interiores dan frutos y flores, las exteriores, que aparecen pétalos amarillos, contienen colina, alcaloides, resinas y ácidos. Con las semillas se prepara un pienso excelente para las gallinas; las hojas y los tallos son un buen pienso para los conejos.

Multiplicación: por semillas, en mayo.

Plantación: las plantitas nacidas de las semillas deben asentarse en mayo.

Suelo: normal, bien abonado.

Floración: de julio a septiembre.

Cuidados especiales: riegos frecuentes y abundantes durante el verano.

Grosellero

Fruto perteneciente a la familia de las saxifragáceas, con hojas lobuladas y dentadas, flores en racimo y frutos de color amarillo o rojo, ricos en vitamina C si se consumen frescos. Las grosellas se emplean, sobre todo, en la preparación de mermeladas y en pastelería.

Es una planta espontánea; las variedades cultivadas son el *Ribes vulgare* y el *Ribes rubrum.*

Plantación: en otoño, disponiendo las plantas a media sombra para obtener frutos más ricos en vitamina C.

Suelo: ácido, abonado adecuadamente con buenos complejos a base de potasio.

Cuidados especiales: se poda a finales de invierno. Necesita riegos abundantes, sobre todo si hace mucho calor.

Recolección: en septiembre.

Parásitos y enfermedades: los afídidos y la roya son los males más comunes. Unos y otros se combaten con pulverizaciones de productos a base de azufre, si bien es aconsejable evitar estos tratamientos durante la floración.

Guisante

Esta planta anual, perteneciente a la familia de las fabáceas y originaria de Extremo Oriente, se caracteriza por su tallo anguloso, sus foliolos abrazadores y sus grandes flores blancas.
Se consumen las semillas, tanto en estado fresco como secas o congeladas.

Suelo: mejor si es caliente, sobre todo para los cultivos de otoño. La preparación es normal, con un abonado a base de preparados fosfóricos.

Siembra: debe hacerse en diversos periodos del año según la variedad. Si se desean productos precoces, hay que sembrar a finales de octubre.

Cuidados especiales: deben eliminarse todas las hierbas con productos adecuados, labrar la tierra para la siembra otoñal; enramado y recalce para las variedades trepadoras.

Recolección: escalonada, según las variedades.

Parásitos y enfermedades: el oídium y la roya son las enfermedades más comunes; los limacos deben combatirse con cebos envenenados. Si los gorriones nos causan demasiados destrozos, conviene poner redes metálicas sobre las plantas.

Variedades. Son las siguientes:

De semillas redondas, enano:
— enano precoz: se siembra en febrero bajo campana, se trasplanta a finales de febrero y se cosecha en mayo;
— pequeño francés: se siembra a primeros de febrero y se cosecha a finales de mayo o junio;

— D'Annonay: se siembra a mediados de febrero y se cosecha en mayo y junio;
— Gloria de Quimper: se siembra en marzo y se cosecha entre junio y julio;
— Lincoln: se siembra en marzo y se cosecha en junio y julio;
— Verde de Holanda: se siembra en marzo y se cosecha en junio y julio;
— William Hurst: se siembra en marzo y se cosecha en junio y julio;
— Vallés: se siembra en marzo y se cosecha en junio y julio;
— Teléfono: se siembra en marzo y se cosecha en junio y julio;
— Maravilla de Kelveton: se siembra en marzo y se cosecha en junio y julio;

Trepadores de grano:
— Teléfono de enrame: se siembra en marzo y se cosecha en julio y agosto;
— Aldermann: se siembra en marzo y se cosecha en julio y agosto;
— Serpette de Auvernia: se siembra en marzo y se cosecha en agosto y septiembre;
— Exprés: se siembra en febrero en lecho caliente y se cosecha en mayo y junio;
— Wilson: se siembra en marzo y se cosecha en junio y julio;
— Orfeo: se siembra en marzo y se cosecha en junio y julio;

Trepadores cometodo:
— tirabeque tardío: se siembra en marzo y se cosecha en junio;
— tirabeque semitardío: se siembra en febrero y se cosecha en mayo.

Haba

Es una hortaliza originaria de América, rica en sustancias nutritivas y de la familia de las fabáceas. Tiene sabor dulce y se consume cuando está fresca y tierna. La infusión de sus flores, que se recogen en abril, al igual que sus vainas, tiene propiedades diuréticas y calmantes.

Suelo: arcilloso, ligero, bien abonado, tratado con estiércol fresco y con los mismos abonos que se suelen utilizar para los cultivos de judías.

Siembra: se realiza a finales de invierno, en primavera o en otoño, en surcos separados 70 cm, de 4 o 5 cm de profundidad, colocando cuatro semillas en cada hoyo. En las zonas frías se llena el surco con tierra, formando un montón que proteja al tallo, mejor bajo túnel, en febrero o marzo, si la zona es fría y en octubre o noviembre si la zona es templada.

Cuidados especiales: una buena labranza a finales de invierno y recalce a 15 cm. Desmochado en primavera. En tiempo seco, debe regarse con cierta frecuencia para favorecer el desarrollo.

Recolección: de abril a junio, según las variedades, si se desea consumir el producto fresco; más tarde si se quiere dejarlo secar o cocer.

Parásitos y enfermedades: arañas, pulgones, royas, peronospora.

Variedades. Son las siguientes:

— aguadulce: se siembra entre marzo y abril a plena tierra y se cosecha entre julio y agosto;
— súper aguadulce o de semilla: se siembra entre septiembre y octubre y se cosecha entre abril y mayo;
— muchamiel: se siembra entre septiembre y octubre y se cosecha entre abril y mayo;
— Goliath: es una variedad de muchamiel, aunque más tardía. Se siembra en los meses de septiembre y octubre, y se cosecha en mayo;
— Mahón blanca y Mahón morada: son especies tardías que se siembran también en septiembre y octubre y se cosechan en el mes de mayo.

Hierba cebollina

Planta perenne bulbosa, perteneciente a la familia de las liliáceas, con flores en umbela de color rojo, y hojas estrechas y cilíndricas; se emplea en cocina para aromatizar varios platos.

Plantación: en marzo.

Multiplicación: por división de bulbos.

Suelo: bueno, que contenga arena para un buen drenaje.

Recolección: entre mayo y junio.

Cuidados especiales: riegos regulares, ni muy frecuentes ni muy abundantes. En el invierno muere la parte aérea de la planta.

Hinojo

Es una hortaliza perteneciente a la familia de las adiáceas; su producto es la base del tallo envuelto de vainas blancas, gruesas y carnosas, que forman una especie de bulbo. La infusión que se obtiene tiene propiedades digestivas. Se cultiva mucho en España.

Suelo: ligero, algo compacto, suelto y rastrillado, tratado con un abono ternario 10-10-10 y expuesto al sol.

Siembra: directa, en julio y agosto para la producción otoñal, en surcos de 15 cm de profundidad, separados unos 50 cm; para la producción primaveral y estival se siembra en la misma época, pero en invernadero.

Trasplante: a un mes de la siembra, en hileras a 50 cm de separación; la siembra de agosto se trasplanta en otoño.

Cuidados especiales: aclareo cuando las plantitas alcancen 5 o 6 cm de altura; riegos abundantes, evitando los estancamientos, ya que la planta teme la humedad; es conveniente practicar un recalce alto, abonados químicos a base de potasio y de fosfatos. En zonas en las que se produzcan heladas, es necesario cubrir las plantas con hojas secas o paja, ya que son muy sensibles al frío y al viento.

Recolección: después de tres semanas del recalce de cobertura, cortando la planta a ras del suelo.

Parásitos y enfermedades: afídidos, piojo, oruga de las raíces.

Variedades. Son las siguientes:

— grandes de Bolonia;
— grandísimo de Nápoles;
— grande de Reggio;
— dulce de Sicilia.

Judía

Esta planta anual de ciclo estival que pertenece a la familia de las fabáceas es originaria de América Central y Meridional y comenzó a importarse en Europa hacia el año 1500. Se emplea en la cocina, hervida o cocida de diversas formas, y es un excelente acompañante de varios platos.

Suelo y clima: es bastante exigente en lo que respecta al clima, ya que teme al frío y a la niebla y prefiere un suelo bien abonado, fértil, fresco y pobre en cal.

Siembra: no debe hacerse antes de marzo o abril y proseguir hasta junio o julio, según las variedades, en pequeños surcos separados unos 40 o 50 cm para el tipo enano, 90 para el tipo trepador, en líneas o, también, en grupos.

Cuidados especiales: escardados repetidos y, si es necesario, riegos regulares. La judía prefiere los abonos a base de sulfatos, fósforo, potasio, magnesio y también estiércol bien maduro. En las judías trepadoras, cultivadas para la recolección del producto fresco, se aplican sostenes que son, para la mayoría, cañas en las que se enrolla con facilidad el tallo de la planta, pero actualmente se está extendiendo el empleo de redes de plástico.

Recolección: de fines de julio a finales de octubre, según las variedades, como se especifica a continuación.

Parásitos y enfermedades: las enfermedades perjudiciales para la judía son la antracnosis y la roya, que se combaten con aplicaciones de caldo bordelés.

El insecto más perjudicial es el gorgojo, que daña a las judías conservadas en almacén; se combate con sulfuro de carbono en ambientes herméticamente cerrados.

Variedades. Hay muchas variedades. Se subdividen en diversos grupos según sean trepadoras, enanas, el color de las vainas sea variado o verde, sean cometodo, estén formadas desde el inicio de la aparición del fruto, o bien deban desgranarse.
Las principales variedades se detallan a continuación.

Judías trepadoras de desgranar:
— judía de España, de semilla blanca, también llamada Corona. La legumbre es corta y la semilla blanca y larga. Se siembra del 1 al 15 de mayo y se cosecha desde finales de julio al 15 de agosto;
— plata y oro: de gran desarrollo; útil para grano y para verdeo. Se siembra de marzo a abril y se cosecha de junio a septiembre;
— gitana: útil para grano y para verdeo; las semillas son grandes. Se siembra entre marzo y abril y se cosecha de junio a septiembre.

Judías trepadoras, cometodo, de vaina verde:
— San Fiacre: también llamada *incomparable.* La vaina es de color verde claro y la semilla alargada. Se siembra entre el 1 y el 15 de marzo y se cosecha entre el 15 y el 30 de junio;

— Faciosa: tiene las vainas verdes, pigmentadas de rojo. Se siembra entre marzo y mayo y se cosecha entre julio y septiembre;
— Buenos Aires: llamada en Aragón *Mantequera* y en Cataluña *Perona*. Se siembra entre marzo y abril y se cosecha entre marzo y septiembre;
— Maravilla de Venecia: tiene la legumbre larga y amarillenta. Se siembra del 1 al 15 de mayo y se cosecha en junio;
— Garrafal: vainas verdes bastante largas. Se siembra entre marzo y abril y se cosecha entre julio y septiembre.

Judías enanas cometodo de legumbre verde en cuerno:
— Reina de los Belgas: se caracteriza por sus vainas verdes ligeramente curvadas. Se siembra entre abril y mayo y se cosecha entre junio y julio;
— Contender: es una legumbre que se desgrana fácilmente. Se siembra en abril y se cosecha a mediados de junio;
— Conservera: se caracteriza por sus vainas cortas ligeramente curvadas. Se siembra en abril y se cosecha en junio.

De legumbre amarilla:
— Monte Oro: se caracteriza por sus vainas amarillas ligeramente curvadas. Se siembra en abril y se cosecha en julio;
— Mantecosa de Argelia: es una legumbre redondeada. Se siembra en junio y se cosecha entre septiembre y octubre.

Judías enanas de desgrane, en seco o frescas:
— Triunfo de Farcy: de semilla negra, se siembra entre marzo y abril y se cosecha entre julio y agosto;
— Carvelina: se desgrana en fresco o cuando las semillas, que son alargadas, estén secas. Se siembra entre el 1 y el 15 de mayo y se cosecha de finales de julio a mediados de agosto;
— de Praga: se desgrana en fresco. Se siembra del 1 al 15 de mayo y se cosecha de fines de julio a mediados de agosto.

Las judías de cuernecillo se cosechan cuando aún no se han formado las semillas y las legumbres son muy tiernas. Las judías cometodo se cogen cuando la semilla ya está formada y la legumbre es tierna y carnosa; las judías de desgrane en fresco se cogen cuando la legumbre empieza a amarillear y, finalmente, las judías de desgrane en seco se cosechan cuando las semillas están casi completamente secas.

Judía del ojo (o dolicho)

También pertenece a la familia de las fabáceas. Es una planta anual de 50 o 60 cm de altura, con vainas de hasta 25 cm de longitud, de semillas blancas con un cerco negro alrededor del hilo. Cogidas muy tiernas, se emplean como habichuelas. Se siembran en agosto y se cosechan en marzo y abril.

Judía serpiente

Otro representante de las fabáceas; puede alcanzar una altura de 3 o 4 m. Se cultiva como la judía trepadora. Sus vainas, estrechas, pueden alcanzar hasta 90 cm, y cuando están maduras toman un color rosado. Se cosechan cuando alcanzan los 30 cm, y aún están tiernas.

Parásitos y enfermedades: gusano blanco, arañas, limacos, se combaten con cebos envenenados; los piojos se combaten con diversos aficidas. Entre las enfermedades, la más frecuente es la roya, que se combate con caldo bordelés.

Laurel

Típica planta aromática mediterránea que pertenece a la familia de las lauráceas. Es un arbusto perennifolio, de hojas lanceoladas y coriáceas y pequeñas flores de color amarillo. Sus frutos son bayas de color negro, ricas en aceites esenciales. Empleado para enriquecer platos a base de carne y pescado, en la Antigüedad estaba consagrado a Apolo, y Dafne, que había rechazado a este dios, fue convertida en laurel. Los grandes poetas y filósofos, así como los vencedores de los concursos olímpicos, eran coronados con laurel.

Plantación: los pequeños arbustos deben plantarse en un lugar soleado y resguardado del viento.

Multiplicación: corrientemente por semillas, pero también por esqueje.

Suelo: con adición de arena.

Floración: en marzo.

Cuidados especiales: riegos abundantes, dos o tres veces a la semana y multiplicados en verano.

El laurel tiene virtudes terapéuticas: con sus bayas se pueden preparar infusiones o decocciones para facilitar la digestión, contra el reumatismo, la artritis, y contra los dolores debidos a las contusiones.

Lavanda

Esta planta herbácea perenne de 50 cm a 1 m de altura y perteneciente a la familia de las lamiáceas se utilizaba como perfume desde el siglo XVI. Existen cerca de veinte variedades, pero sólo se cultivan cinco o seis de ellas. Sus hojas son estrechas y lanceoladas; las flores, violetas o azules según las variedades, contienen aceites esenciales y tienen propiedades medicinales. La decocción que se obtiene ayuda a curar el insomnio, los resfriados y las digestiones pesadas. Sus flores se recogen y se ponen en bolsitas para perfumar armarios y cajones.

Multiplicación: por semilla, en cajonera, a principios de invierno o en primavera en plena tierra.

Suelo: expuesto al sol, pedregoso, pobre.

Trasplante: en otoño, colocando las plantitas a una distancia de 50 o 60 cm unas de otras.

Floración: en junio o en julio.

Recolección: en verano.

Lechuga

Es una planta anual, perteneciente a la familia de las asteráceas, de la que se cultivan numerosas variedades en las distintas estaciones del año, según los climas. Se consume cruda en ensaladas, y también cocida. Sus hojas tienen propiedades refrescantes y emolientes y es rica en vitaminas, sales minerales y enzimas.

Suelo: húmedo, con un pH de 6,5; bien abonado con estiércol y productos a base de fosfato y nitrógeno distribuidos en la cobertura.

Siembra: escalonada, según las variedades. La siembra en cajonera debe hacerse a partir de diciembre y enero. Si se hace al aire libre o bajo las campanas, debe hacerse desde marzo a agosto.

Trasplante: desde febrero y marzo hasta abril, volviendo a emprenderlo en septiembre y continuando hasta otoño.

Recolección: de enero a abril para las lechugas sembradas en agosto y trasplantadas en otoño; en mayo y junio para las sembradas en invierno y trasplantadas entre marzo y abril; en septiembre para las trasplantadas en agosto. Apenas salgan las yemas, deben extraerse las matas con las raíces.

Parásitos y enfermedades: puede atacarla la peronospora, cuyos síntomas son manchas oscuras en la cara superior y pelusilla gris en la inferior que acaban por marchitar las hojas y provocar la muerte de la lechuga. La roya también tiene bastante incidencia. Las heladas también son peligrosas.

Variedades. Son las siguientes:

— romana larga; romana verde de Zaragoza; de Arganda; romana de Bouguival; trocadero semilla negra. Se siembra entre agosto y septiembre y se cosecha en otoño e invierno;
— tres ojos verdes o lechuga de Mataró; batana rubia; col de Nápoles; escaroler verde; de los grandes lagos. Se siembra de enero a mayo y se cosecha en primavera y verano.

Lenteja

Es una planta anual, de tallo erecto, perteneciente a la familia de las fabáceas. Sus hojas terminan en zarcillos y su fruto es una vaina que contiene dos o tres semillas aplastadas.

Siembra: en marzo, poniendo de 10 o 15 semillas en cada hoyo cada 40 o 50 cm, en líneas separadas de 40 o 45 cm.

Suelo: ligero, suelto, fresco.

Cuidados especiales: abonados abundantes y riegos regulares.

Parásitos y enfermedades: la calandra, un parásito de las semillas que se combate con productos específicos.

Recolección: antes de que los frutos sean completamente maduros, poniéndolos, después, a secar para que continúen madurando las vainas.

Limonero

Esta planta tan corriente en los climas mediterráneos, perteneciente a la familia de las rutáceas, es uno de los agrios más conocidos. Es un arbolito de hojas punteadas de color verde pálido y flores blancas perfumadas, agrupadas en ramilletes difuminados de violeta o rojo en la base, el cual contiene un aceite esencial usado en licorería, perfumería y pastelería. El fruto se caracteriza por su piel de color amarillo pálido, muy perfumada, y por la pulpa incolora, muy ácida.

Se emplea en cocina para la elaboración de platos dulces y salados; contiene vitaminas C-PP-B, potasio, calcio y fósforo.

Gracias a su contenido de ácido cítrico, el limón es útil en las dietas de las personas afectadas de reumatismo y diabetes y estimula la secreción gástrica favoreciendo, por ello, la digestión.

Suelo: seco y caliente, con buena exposición.

Floración: hasta abril.

Recolección: escalonada.

Variedades: son las siguientes:

— ordinario o común;
— de España;
— Biquete;
— Cuatro Estaciones;
— Vernia;
— Vilafranca.

Mandarina

Es el nombre español del *Citrus nobilis*, árbol de tallo de dimensiones bastante pequeñas, pertenecientes a la familia de las rutáceas, originario de China. Tiene hojas pequeñas, lanceoladas y aromáticas. Las flores son blancas, en racimos. El fruto es redondo, un poco aplastado, de piel naranja y muy dulce. La piel contiene un aceite esencial usado en pastelería. En las zonas cálidas, el mandarino crece al aire libre, mientras que en las frías se cultiva en invernadero, a una temperatura entre 5 o 10 °C. Necesita mucha luz y un suelo fértil.

Reproducción: por semillas, por acodo y por injerto.

Variedades: la más conocida es la satsuma.

Manzano

Es un árbol perteneciente a la familia de las rosáceas, de hojas asaetadas, flores blancas en el interior y rosas en la parte externa. El fruto es del tipo pomo, globoso, aplastado, de carne crujiente y piel de distintos colores. Se cultivan muchas variedades. Florece entre marzo y abril.

En el huerto es mejor el cultivo en espaldera, que produce un solo tronco con ramas laterales cortas y las variedades injertadas sobre plantas enanas. Su fruto maduro tiene propiedades tónicas y digestivas y contiene numerosas sales minerales (sodio, potasio, hierro, peptinas, vitaminas y ácidos orgánicos).

Plantación: es aconsejable procurarse árboles injertados sobre la especie East Mälling, llamado Spur, que producen desde el tercer año. En los climas templados y cálidos, la plantación se efectuará en septiembre; en los climas fríos en febrero, dejando una distancia de 1 m entre una planta y otra, y marcando el punto del que sale el trozo de rama.

Plantación definitiva: después de la coordinación de los sostenes de madera en los que se habrán ligado tres hileras de alambre, la primera a 50 cm del suelo, los demás a 50 cm uno de otro, atándoles oblicuamente cañas de bambú.

Suelo: cavas frecuentes.

Cuidados especiales: en marzo y en octubre se dispone, a lo largo de la espaldera, estiércol maduro mezclado con abono complejo.

Se poda en febrero, eliminando las ramas laterales, para que los frutos aparezcan junto a la rama principal.

Parásitos y enfermedades: criptogámicas: el oídium y moteado, que se combaten antes y después de la floración. El parásito más común es el gusano de la manzana, que pone sus huevos en las hojas, en las ramas y en los frutos después de haber pasado el invierno en estado larvario, causando la caída de los frutos. Se combate con productos específicos después de la floración. Las cochinillas —que hibernan en los troncos, en las hojas y en las ramas y ponen sus huevos en primavera— se combaten con tratamientos adecuados. La fumagina, que cubre las plantas y las hojas con un color oscuro, y les impide absorber la luz, se combate con productos específicos en invierno.

Variedades. Se dividen en tres categorías:

De maduración precoz:
— Cardinal: madura en julio y agosto;
— Rubra precoz: madura a finales de agosto.

De maduración media:
— Reina de Reinetas: madura en septiembre y octubre;
— Golden deliciosa: madura entre octubre y enero;
— Deliciosa roja: madura entre octubre y diciembre;
— Starking: madura entre octubre y diciembre.

De maduración tardía:
— Reineta blanca del Canadá: madura en noviembre y diciembre;
— Verde doncella: madura entre noviembre y enero.

Algunas variedades de manzanas, además de por sus frutos, se cultivan para fines ornamentales, como el manzano de China.

Manzanilla

Es una planta medicinal herbácea anual que pertenece a la familia de las asteráceas. Su tallo erecto, ramificado, puede llegar a alcanzar de 30 a 50 cm de altura. Las hojas son compuestas. Sus flores amarillas, secas y conservadas en un tarro, se emplean para preparar infusiones contra el insomnio y las digestiones pesadas. También se extrae un aceite para hacer fricciones contra el reuma.

Suelo: suelto, fértil y fresco.

Siembra: directa, en surcos o a voleo, en febrero y marzo. No necesita cuidados especiales, aparte de los riegos regulares, no muy frecuentes.

Floración: en primavera y en verano.

Recolección: las flores se recogen ya avanzada la primavera, hasta otoño.

Mejorana

Es una planta anual, aromática, que pertenece a la familia de las lamiáceas, de hojas pequeñas, ovales, blanquecinas, flores de color blanco y globosas.
Se emplea en cocina para enriquecer algunos platos de carne. Además, también presenta propiedades terapéuticas: cura los resfriados y la gastritis.

Siembra: de primavera hasta finales de verano.

Recolección: se recogen las sumidades floridas, que se dejarán secar en un lugar sombreado.

Floración: entre junio y agosto.

Cuidados especiales: riesgos frecuentes pero regulares, sobre todo durante el verano.

Recolección: en verano y a principios de otoño.

Melón

Es una planta herbácea anual de la familia de las cucurbitáceas, originaria de países cálidos, con zarcillos en la axila de las hojas y frutos en pepónide de carne azucarada y jugosa que crece en climas templados. Sus hojas, lobuladas y peludas, se parecen a las del pepino. El fruto es un pepónido de pulpa de color naranja, verdoso o blanco.

Siembra: puede hacerse hasta abril con una temperatura de unos 12 °C; las semillas deben alojarse en hoyos de 30 ∞ 40 cm, separados entre sí unos 50 cm, que se tapan con tierra fina. Las hileras deben distar entre 1 y 1,5 m.

El cultivo anticipado en plena tierra en cajonera caliente y abonado debe hacerse en marzo. El cultivo anticipado en invernadero, con siembra en enero y en cajitas que contengan arena, debe hacerse en febrero, aclarando cuando comiencen a salir las plantitas y trasplantándolas a mitad de febrero.

Cuidados especiales: se desmocharán las plantas cuando tengan dos o tres hojas y se abonarán con productos a base de nitrógeno y potasio. En los suelos áridos, los riegos serán esmerados y dejarán de hacerse cuando los melones comiencen a madurar.

Recolección: cuando el fruto empieza a cambiar de color.

Parásitos y enfermedades: entre las enfermedades, las peores son la fusarosis —que se combate con tratamientos a base de cobre— y el mal blanco —que cubre las hojas con una especie de tela de araña de color grisáceo que las amarillea y que se combate con pulverizaciones de azufre—. Entre los insectos, los pulgones y las arañas rojas se combaten con insecticidas a base de ésteres fosfóricos.

Variedades. Se dividen en tres categorías:

— cantalupo (precoz cantalupo de Bellegarde; cantalupo Charantais): el fruto es redondo u oval, de cáscara lisa o arrugada;

— rústicos de verano (amarillo oro, temprano, verde oloroso escriturado, tendral valenciano): los frutos son alargados, lisos o cubiertos de retículo (escriturados);
— invernales (amarillo oro, tardío, tendral, negro tardío): los frutos son alargados y lisos.

Membrillo

Es un árbol originario de Persia, perteneciente a la familia de las rosáceas. No es ni un peral ni un manzano, pero tiene una forma afín a ambos. Se planta para hacer setos y cancelas y sus frutos se emplean para hacer mermeladas y gelatinas. Las ramas son espinosas y las hojas, alternas, son brillantes en el envés. Las flores son de color rojo carmesí, aunque también pueden ser color rosa, blancas o rojo escarlata. Se abren entre marzo y mayo.

Multiplicación: puede hacerse por semillas y por estacas. Las plantitas nacidas de semillas deben plantarse, directamente, en otoño y en primavera.

Suelo: blando y ligero, mejor si es un poco silícico, con exposición de semisombra y a pleno sol.

Cuidados especiales: riegos regulares, más abundantes en verano.

Menta

Es una planta herbácea vivaz, perteneciente a la familia de las lamiáceas, bastante popular por sus propiedades antisépticas, antiespasmódicas y tónicas. Se emplea en cocina para aromatizar salsas y platos. Con sus hojas se preparan infusiones contra el insomnio, la excitación nerviosa y los resfriados.

Siembra: en primavera, en semillero.

Trasplante: en otoño.

Cuidados especiales: riegos regulares hasta la fructificación.

Recolección: en la primavera siguiente a la siembra, según las necesidades. Las hojas pueden dejarse secar y conservarse en tarros de cristal. La planta de la menta dura tres años.

Mora

La variedad silvestre de esta planta crece en las regiones templadas. Si se cultiva, produce frutos bastante carnosos y de dimensiones bastante grandes, pero menos sabrosos, por lo que se emplea para preparar gelatinas y mermeladas.

Plantación: en otoño y en primavera, evitando las heladas, en hoyos de 50 cm de profundidad y anchura, poniendo estiércol bien maduro en el fondo.

Suelo: debe ser normal, expuesto al sol, bien abonado y aireado.

Cuidados especiales: riegos regulares.

Parásitos y enfermedades: enfermedades criptogámicas que se combaten con productos específicos.

Variedades. Son las siguientes:

— Smoothsem: bastante productiva;
— Thornfree: menos productiva, pero bastante más buscada porque soporta mejor el transporte.

Nabo

Es una planta perteneciente a la familia de las brasicáceas, con pequeñas flores doradas y rojas. Su raíz carnosa se consume hervida o cocida con mantequilla. Sus hojas se emplean como forraje.

Suelo: abonado con abono ternario con alto grado de potasio.

Siembra: debe hacerse a voleo, de febrero a julio, en un lugar un poco húmedo y cubriendo el suelo con tierra y apretándola.

Cuidados especiales: riegos abundantes en el momento de la cosecha; aclareo dejando las plantitas a 15 cm de distancia una de otra; desherbado; escardas.

Recolección: escalonada.

Parásitos y enfermedades: como la remolacha, el nabo sufre los ataques de las álticas, afídidos y gusanos blancos, que se combaten con cebos envenenados (véase «Remolacha»); entre las enfermedades criptogámicas, la cercospora (véase «Remolacha»).

Variedades. Son las siguientes:

— bola de nieve: de raíz blanquísima y se siembra en enero y febrero en lecho caliente y se cosecha en marzo y abril;
— blanco plano temprano, precoz de Holanda: de raíz pequeña, aplastada, con el cuello difuminado de violeta y de muy buen sabor. Se siembra desde mediados de marzo hasta finales de abril y se cosecha entre mayo y agosto;
— blanco duro de invierno: de raíz alargada, blanco y de cuello violeta. Se siembra en septiembre y se cosecha entre diciembre y febrero;
— nabo de Norfolk: es una raíz esférica de pulpa blanca. Siempre crece en lugar fresco o a la sombra, de julio a septiembre, y se cosecha de agosto a septiembre.

Naranjo

Es un árbol que pertenece a la familia de las rutáceas, originario de China y cultivado en todo el litoral mediterráneo hasta Portugal. Tiene flores de color blanco, el peciolo de las hojas alargado, y los frutos son más o menos esféricos; según las variedades, de color naranja, con la pulpa dulce o agridulce. En las zonas adecuadas crece al aire libre, en las menos templadas se cultiva en invernadero, donde la temperatura se mantiene entre 4 °C y 10 °C.

Reproducción: por semillas, por acodo y por injerto.

Suelo: fértil y bien saneado, con buena exposición.

Variedades: de Portugal, de Malta, de Giaffa, de Valencia, del Brasil.

Naranjo amargo

Es un árbol de ramas fuertes con grandes espinas, hojas caducas alternas y flores blancas en cuatro o cinco pétalos.

Multiplicación: por semillas o por esqueje.

Suelo: normal de jardín, bien expuestos al sol.

Floración: entre abril y mayo.

Cuidados especiales: conviene intensificar los riegos durante el verano. Tanto la naranja amarga, llamada *Sevilla,* como la naranja dulce, llamada *China,* tienen propiedades espasmódicas. De sus hojas y flores se extraen taninos, peptinas y resinas. Su zumo es rico en magnesio, sodio, azúcares, vitaminas y potasio. La decocción obtenida de las pieles de naranja es digestiva; el zumo es excelente contra las intoxicaciones.

Orégano

Es una planta aromática mediterránea perteneciente a la familia de las lamiáceas, originaria de Oriente y con inflorescencias de color rosa que suelen conservarse en tarros de cristal. De fuerte aroma, se emplea sobre todo en cocina. Su esencia sirve para aromatizar licores, jabones y perfumes. La infusión que se obtiene ayuda a digerir bien.

Siembra: si se hace en maceta, marzo es el mes más adecuado. Si se realiza en el huerto, habrá que esperar hasta abril.

Patata

Es una planta anual tuberosa que pertenece a la familia de las solanáceas, originaria de Suramérica, y traída a Europa por los españoles hacia 1570. Es rica en agua y hierro, en aminas, vitaminas, grasas, proteínas digeribles y sales minerales. Se emplea como sustituto del pan y de las pastas en algunas dietas, teniendo en cuenta que 200 g de patatas corresponden a cerca de 50 g de pastas y a 75 g de pan. Tiene propiedades emolientes y se emplea mucho en la cocina, sobre todo como acompañante de diversos platos.

Plantación: suele plantarse en plena tierra, desde febrero hasta primeros de mayo, en surcos de 15 cm de profundidad a intervalos de 70 cm (o 40 cm para las variedades precoces) y a una distancia de 30 cm. Se entierran los tubérculos germinados con yemas bastante desarrolladas y se cubren con mantillo. Después de una semana, se deberá regar y abonar.

Suelo: ligero y ligeramente ácido, bien roturado, abonado abundantemente con estiércol mezclado con turba.

Cuidados especiales: si hay peligro de heladas tardías, se procederá al recalce con protecciones a base de paja. En mayo, una semana después de la plantación, se harán tratamientos anticriptogámicos a base de caldo bordelés, que se repetirán hasta agosto, cada veinte días.

Recolección: de junio a octubre, 90 o 100 días después de la plantación. Sólo se recogen las cantidades necesarias, pero dejándolas sobre la tierra hasta que se hayan secado las hojas. Para tener tubérculos para el año próximo, es necesario extraerlos todos, dejándolos secar y guardándolos.

Parásitos y enfermedades: las heladas, los vientos fríos y la lluvia persistente son los peores enemigos de la patata. Entre las enfermedades, las más comunes son la peronospora —que provoca el ennegrecimiento y la muerte de los tubérculos y que se previene con caldo bordelés—, la podredumbre —que se combate conservando los tubérculos en cajas en un ambiente seco y bien ventilados— y el mosaico, que decolora las hojas.

Entre los insectos, los más frecuentes son la dorífora —un coleóptero de color amarillo con estrías negras, que se alimenta de hojas y que se combate con tratamientos a base de dieldrin—, el gusano blanco y el alacrán cebollero, que se combaten con productos específicos.

Variedades. Son las siguientes:

— Duquesa, Turia, Bintje, Bella de Fontenay, Ersterlingen: se siembran en febrero y se cosechan en junio;
— Olalla, Amarilla de Holanda, Rosa, Majestic: se siembran en febrero y se cosechan en agosto y septiembre.

Pepino

Es una planta anual de tallo trepador, originaria de Asia, perteneciente a la familia de las cucurbitáceas, de fruto cilíndrico, verde-blanco o verde-amarillo y que cuando está maduro puede ser liso o tener minúsculas protuberancias. Tiene propiedades emolientes, diuréticas, depurativas y se emplea en cosmética.

Suelo: debe ser fresco, rico y roturado en profundidad.

Siembra: en primavera, en hoyos a 40 cm de distancia uno de otro, con una capa de mantillo de 30 cm, muy suelto, colocando de cuatro a cinco semillas en cada hoyo, sin prensar la tierra.

El cultivo puede ser normal, anticipado o invernal, según las variedades.

Cuidados especiales: son necesarios riegos abundantes, sobre todo en el momento de la siembra y el aclareo cuando las plantitas estén desarrolladas, dejando una por hoyo y poniéndoles en cada una de ellas un palito de sostén. Se desmontan, sucesivamente, las yemas, siempre sobre la sexta hoja.

Abonado: en el momento de la floración, con fertilizantes a base de potasio y de fósforo en alto grado.

Recolección: se hace cuando los frutos aún no son muy grandes.

Parásitos y enfermedades: los más frecuentes son las malas hierbas, los limacos y los afídidos, que se combaten con cebos envenenados. También puede sufrir el mal blanco de las cucurbitáceas, producido por un hongo que se combate con tratamientos químicos a base de compuestos carbónicos o productos cúpricos. Pueden aparecer otras enfermedades criptogámicas debidas a un exceso de humedad y al frío.

Variedades. Son las siguientes:

— verde largo, híbrido: se siembra en primavera, a mitad de mayo; se trasplanta a plena tierra para cosechar en verano; si se quiere cosechar antes, en junio o julio, debe sembrarse a mitad de marzo en lecho caliente para trasplantarlo después a cultivo protegido o bajo campana;
— Pandover: es de siembra invernal (en enero) y en lecho caliente. Se trasplanta en febrero.

Pepinillo para conserva

Los pepinillos para conserva se obtienen de una variedad especial de pepinos para la que se emplean los mismos sistemas de cultivo, si bien es preferible sembrarlos en hileras simples y recoger los frutos en el momento en que todos hayan alcanzado el mismo tamaño.

Variedades. Son las siguientes:

— verde de Massy y verde de Meaux: se siembra en enero en lecho caliente; se trasplanta en febrero con el cepellón y se cosecha de marzo a mayo;
— verde de París: es un híbrido que debe trasplantarse en junio en lecho caliente o bajo campana. La cosecha debe realizarse en el mes de mayo.

Pepino japonés

Se caracteriza por sus frutos delgados y rectos de pulpa blanca y perfumada de 50 a 60 cm de longitud. Se cultiva igual que las otras calidades de pepino. Se puede cultivar en tierra o con sostenes, anticipadamente o no, y ser recogido cuando miden de 30 a 40 cm. No soporta el frío ni las heladas.

Perejil

Es una planta bisanual originaria del Mediterráneo oriental y perteneciente a la familia de las apiáceas. Sus hojas, recortadas y lobuladas, se emplean para aromatizar comidas. Tiene propiedades desintoxicantes y estimulantes y es rico en aceites esenciales, magnesio, calcio, mucílagos, azúcares y vitaminas; sus semillas se emplean en herboristería. La infusión que se obtiene mitiga la acidez.

Suelo: debe ser fresco, ligero y rico en sustancias orgánicas.

Siembra: no debe ser muy profunda, pero sí directa, en hileras o a voleo, y debe hacerse desde febrero hasta finales de septiembre, a ser posible en una zona resguardada del frío o en un invernadero. Las semillas deben cubrirse con una capa de tierra fresca para facilitar la germinación.

Cuidados especiales: riegos frecuentes.

Recolección: todo el año, cortando las plantitas; el tallo que queda producirá nuevas hojas.

Parásitos y enfermedades: su peor enemigo es la *Plasmospora nívea*, que se combate cultivando el perejil en lugares secos y con tratamientos de productos a base de cloruro de cobre. Entre los insectos, la mosca del apio es la que le causa más daños. Además, no soporta el frío.

Variedades. Son las siguientes:

— perejil común: de hojas pequeñas, bastante aromático; se siembra en julio y se cosecha a partir de marzo;
— perejil de Nápoles: de hojas grandes; se siembra en agosto, en cajonera, y se cosecha durante todo el invierno; puede plantarse en maceta en noviembre;
— perejil rizado: de hoja rizada, poco aromático; se siembra en agosto en semillero y se cosecha durante todo el año;
— perejil de hojas semejantes a las del helecho: se siembra en primavera, a plena tierra, y precisa protección durante el invierno; se cosecha a partir de junio.

Perejil raíz

Es una variedad de perejil de raíz comestible.

Siembra: en primavera, en surcos separados 25 cm entre sí.

Cuidados especiales: aclarado de las plantitas a 15 cm una de otra; los riegos deben ser regulares y constantes.

Recolección: en otoño.

Perifollo

Es una planta aromática anual que pertenece a la familia de las apiáceas. Sus semillas, muy pequeñas, deben mezclarse con arena antes de plantarlas. Se emplean sus hojas para aromatizar diversos platos y ensaladas o en la preparación de sabrosas sopas. Como decocción, tiene propiedades depurativas, refrescantes y diuréticas.

Suelo: debe ser fresco.

Siembra: debe ser escalonada, de marzo a octubre, y cada quince días; si el ambiente es caliente, conviene hacerlo de noviembre a febrero.

Cuidados especiales: no hay que regarlo durante el verano para no asfixiarlo.

Variedades. Son las siguientes:

— rizado doble: se siembra a finales de febrero y se cosecha entre abril y mayo;
— común liso: se siembra a finales de junio al norte o a la sombra y se cosecha entre agosto y septiembre;
— común rizado: se siembra a finales de septiembre, en un lugar protegido del frío, y se cosecha entre los meses de octubre y marzo;
— común simple: se siembra a finales de noviembre en maceta y se cosecha entre enero y marzo.

Perifollo tuberoso

Llamado también *perifollo bulboso*, es una planta anual tuberosa de la familia de las Apiáceas. No tiene nada en común con el perifollo aromático. Del perifollo tuberoso se consumen las raíces crudas para acompañar varios platos, o se hierven para la ensalada.

Siembra: suele hacerse en otoño, entre septiembre y octubre, para la cosecha de junio y julio. Las semillas, al menos la primera vez, deben comprarse en los comercios especializados o en cooperativas agrícolas para asegurar su capacidad germinativa (el perifollo tuberoso sólo dura seis meses). Posteriormente se pueden seleccionar las semillas. Para la cosecha de agosto y septiembre, se hará la siembra en primavera (entre abril y mayo) con semillas seleccionadas en otoño.

Recolección: debe hacerse cuando las hojas, amarillas, penden hacia el suelo.

Las raíces deben conservarse amontonadas en un lugar seco y ventilado.

Parásitos y enfermedades: la más grave es la gangrena de las raíces, que se combate con productos anticriptogámicos. Por otra parte, hay que combatir los afídidos, ciempiés y limacos con cebos envenenados.

Pimiento

Es una planta anual típica del clima mediterráneo. Perteneciente a la familia de las solanáceas, se caracteriza por su tallo recto, sus hojas lanceoladas, y sus frutos en baya, globosos. Rico en vitaminas; el fruto se consume crudo o cocido en las variedades de baya grande; si es de tamaño pequeño, se deja secar, y se utiliza molido como condimento picante. También puede conservarse en aceite o vinagre.

Suelo: fértil, bien desmenuzado, abonado con productos a base de dióxido de fósforo u óxido de potasio.

Siembra: el mejor mes es febrero; debe hacerse en cajonera caliente.

Trasplante: debe hacerse entre abril y mayo, colocando las plantitas en surcos a intervalos de 1 m, a 80 o 90 cm de separación unas de otras.

Cuidados especiales: hay que desbrozar, abonar con estiércol maduro y regar con frecuencia.

Recolección: según las variedades, como se explica a continuación.

Parásitos y enfermedades: la tracheomitosis, que marchita los frutos, se combate con tratamientos anticriptogámicos adecuados. Entre los parásitos es bastante dañina la araña roja.

Cultivo extraestacional: en la producción primaveral y estival pueden cultivarse en un invernadero frío o en un túnel cubierto. La siembra debe ser en cajoneras calientes de octubre a enero y se cosecha entre mayo y junio. El trasplante en invernadero frío debe ser desde febrero hasta abril.

En la producción de invierno pueden cultivarse en invernadero caliente a finales de septiembre y siempre en cajonera caliente. Es necesario escardar, trasplantar en noviembre y cosechar en febrero.

Variedades. Son las siguientes:

Forma cuadrangular:
— amarillo de Mallorca: se siembra en enero y febrero en lecho caliente; se aclara en el semillero, se trasplanta en marzo y se cosecha entre junio y agosto;
— morrón dulce y morrón de conserva: es muy carnoso; se siembra entre enero y febrero, se aclara en el semillero y se trasplanta en marzo y abril y se cosecha entre agosto y septiembre.

Forma alargada, sabor dulce:
— de pico: más bien pequeño y de forma cónica, se siembra entre marzo y abril en lecho caliente; debe hacerse un aclareo y trasplantarlo en mayo; se cosecha entre agosto y septiembre;
— grande de Torruella: largo, grueso y de forma cónica, se siembra en abril; conviene hacer un aclareo y trasplantarlo entre mayo y junio; se cosecha entre agosto y noviembre;

— Cornicabra: largo y de poco grosor, se siembra entre diciembre y enero en lecho caliente; se trasplanta en marzo y se cosecha en mayo.

Forma aguda, larga, delgada y picante:
— rojo de Cayena: rico en vitaminas. Se siembra a finales de septiembre, se aclarea, se trasplanta en noviembre y se cosecha en febrero.

Puerro

Esta hortaliza herbácea, perteneciente a la familia de las liliáceas y de bulbo ovoide blanquecino, se cultiva desde la Antigüedad.
Es una planta bisanual, pero anual en el cultivo. Se come la base cocida por sus propiedades refrescantes y se cultiva más o menos como la cebolla.

Suelo: debe estar bien desmenuzado y abonado químicamente.

Siembra: en semillero, en primavera o al aire libre; en las zonas de clima riguroso puede cultivarse en cajonera caliente.

Trasplante: debe hacerse hasta mayo o junio o bien hasta agosto, cortando parte de las hojas y de las raíces para facilitar el crecimiento.
Debe disponerse en líneas separadas unos 30 cm y cada planta debe estar a 20 cm de la otra. Las plantitas deben enterrarse bastante, de modo que la base quede blanqueada hasta 10 cm por encima del cuello.

Cuidados especiales: conviene hacer escardas, riegos y un ligero recalce aproximadamente tres semanas antes de que se produzca la primera cosecha.

Recolección: entre octubre y noviembre y durante todo el invierno hasta la primavera siguiente.

Parásitos y enfermedades: los mismos que la cebolla. La roya es la enfermedad más difícil de combatir. La mosca de la cebolla, cuya larva roe los tejidos de la planta para vivir en su interior; se combate cortando la planta a ras del suelo o desinfectando los semilleros con productos a base de ésteres fosfóricos.

Variedades. Son las siguientes:

— puerro gigante de invierno: para obtener cosecha al año siguiente, es preciso sembrarlo en semillero en marzo. Se trasplanta, apenas germine, en mayo o a primeros de junio. Se cosecha de enero a abril;
— monstruoso de Carentan: como el gigante de invierno, pero ya puede consumirse en otoño;
— grueso de Rouen: como el gigante de invierno y el monstruoso de Carentan, pero puede consumirse desde finales de verano;
— malabar: se siembra en septiembre y se cosecha entre mayo y junio;
— mira: como el malabar, pero puede consumirse en invierno;
— excelsior: es una variedad pequeña; se siembra en septiembre y cosecha entre mayo y junio;
— muy grueso de Rouen, gigante de Palermo, grueso corto y gigante romano: se siembran en febrero en un semillero o directamente, a plena tierra o bajo cristal, para consumirse en el mismo año. Se trasplantan entre mayo y junio y se cosechan de junio a septiembre;
— gigante italiano y gigante mejorado: se siembra en semillero en febrero y marzo, se trasplanta en mayo y junio y se cosecha entre septiembre y diciembre.

Rábano

Pertenece a la familia de las brasicáceas y es originario de China. Se cultiva por sus raíces carnosas y comestibles, de sabor más o menos picante, y se come crudo en ensalada. Las variedades española y china también se consumen cocidas. Tiene propiedades diuréticas.

Suelo: debe ser blando, fértil y bien abonado.

Siembra: a voleo o en líneas, de febrero a marzo, según las variedades.

Cuidados especiales: debe protegerse de los pájaros por medio de redes; además, conviene regarlo con regularidad.

Parásitos y enfermedades: los más comunes son los pulgones de tierra y las enfermedades criptogámicas.

Variedades. Son las siguientes:

— redondo rojo y largo rojo: se siembran en semillero en enero y se cosecha en febrero y marzo;
— largo rosa y dátil rosa: se siembran en febrero y se cosechan desde abril hasta finales de junio.

Rábano rusticano

Esta planta de la familia de las brasicáceas es la variedad cultivada del rábano silvestre. Sus tubérculos, que pueden ser de diversas formas, se consumen crudos como los rábanos, por ser picantes y de agradable sabor.

Suelo: debe ser ligero, fresco y bien abonado.

Siembra: suele hacerse en agosto o hasta septiembre en líneas, con unos 30 cm de separación, o a voleo.

Cuidados especiales: debe practicarse el aporcado y los riegos deben ser abundantes en las primeras semanas de crecimiento.

Recolección: puede hacerse en otoño o invierno, según las necesidades.

Variedades. Son las siguientes:

— amarillo de Mónaco;
— violeta de Gournay;
— negro largo de París.

Rapónchigo

Esta planta bisanual de la familia de las campanuláceas, también llamada ruiponce, crece de manera espontánea en lugares herbosos y en bosques de zonas templadas. Suelen comerse las plantitas enteras y son un excelente condimento de las ensaladas.

Suelo: debe ser fresco y bien expuesto al sol.

Siembra: suele hacerse de abril a julio, en líneas o a voleo, procurando que cada planta quede a 20 cm de la otra.

Recolección: debe hacerse escalonadamente durante el otoño y a lo largo de todo el invierno.

Remolacha

Es una hortaliza perteneciente a la familia de las quenopodáceas, de color rojo en su interior. Se emplea sola o mezclada con otras hortalizas en la ensalada. Contiene azúcar, vitaminas A, B_1, B_2, C, sales y clorofila.

Afines a la remolacha de huerto son la remolacha de azúcar, que presenta un tamaño algo más pequeño, y la de forraje, de grandes dimensiones.

Suelo: debe ser bastante suelto, arcilloso, calcáreo, o bien arcilloso y silícico; la remolacha crece en cualquier clima.

Siembra: suele hacerse en líneas que mantienen una separación de unos 30 cm; hay que dejar una o dos semillas en cada hoyo, con una separación de 50 cm respecto al siguiente (el periodo de siembra varía según la variedad).

Cuidados especiales: roturado profundo, aporcado cuando las plantitas estén lo suficientemente crecidas. En el momento del trasplante es indispensable el riego y debe ser continuo hasta la normalización de la planta. Si la estación es especialmente seca, se debe regar cada día. Recalce y, contra las malas hierbas, turba mojada. El abonado es complejo o con alto grado de nitrógeno, evitando el uso de estiércol antes de la siembra.

Recolección: debe hacerse según las necesidades. Antes de las heladas, se extirpa lo que queda del cultivo, conservando las plantas en un lugar seco y ventilado.

Parásitos y enfermedades: los más frecuentes son la mosca Panz, el gusano blanco, los afídidos y el alacrán cebollero, que se combaten con cebos envenenados (productos especiales que se encuentran en los comercios). También le afectan diversas enfermedades criptogámicas como la cercospora (un hongo que penetra en las hojas, las descolora y las acaba ennegreciendo), que se combate con productos especiales, a la venta en los comercios especializados o en las cooperativas agrícolas, y que deben suministrarse al aparecer los primeros síntomas.

Variedades. Son las siguientes:

— Sanguina: se siembra el 15 de marzo, se trasplanta en abril y se cosecha en junio y julio;
— Roja negra de Egipto: se siembra el 15 de marzo, se trasplanta en abril y se cosecha entre junio y julio;
— Detroit: se siembra el 15 de marzo, se trasplanta en abril y se cosecha en junio y julio;
— Roja Eclipse: se siembra el 15 de marzo, se trasplanta en abril y se cosecha en junio y julio;
— Largo de Virtudes: se siembra el 15 de marzo, se trasplanta desde el 15 de abril y durante todo el mes de mayo, y se cosecha en septiembre y octubre;
— Roja Crapucline: se siembra el 15 de marzo, se trasplanta desde abril y durante todo el mes de mayo, y se cosecha en septiembre y octubre.

Romero

Esta planta perenne, que pertenece a la familia de las lamiáceas y que tiene pequeñas hojas lineares de color blanco en la parte inferior, crece silvestre en las regiones de clima mediterráneo y se cultiva en el huerto como planta aromática para emplear en la cocina, aunque también a escala industrial para obtener esencia. Sus hojas son de color verde oscuro en el haz y blanquecinas en el envés; sus flores, reunidas en pequeños grupos, tienen la corola de color azul o blanco. Tiene propiedades diuréticas y se usa en preparaciones farmacéuticas.

Multiplicación: por semilla, en primavera, o por esqueje desde primavera hasta septiembre.

Suelo: debe ser pobre, arenoso y bien permeable.

Floración: entre febrero y octubre.

Cuidados especiales: riego regular pero no muy frecuente.

Recolección: de marzo a mayo.

Ruda

Es una planta perenne, de tallo recto, perteneciente a la familia de las rutáceas; antes de la floración, sus hojas tienen propiedades antiespasmódicas y antiasmáticas.

Multiplicación: por semillas, en abril.

Suelo: suelto y ligero, permeable.

Floración: entre mayo y julio.

Cuidados especiales: riego dos o tres veces a la semana.

Recolección: entre mayo y agosto.

Ruibarbo

Es una planta herbácea de la familia de las poligonáceas y originaria de China.

Con sus grandes peciolos se hacen mermeladas y gelatinas y la sustancia amarga extraída de sus tubérculos sirve para la preparación de algunas medicinas.

Suelo: debe ser suelto y fresco.

Siembra: debe hacerse en semillero, durante los meses de marzo y abril, pero es más sencillo plantar los rizomas en otoño o a finales de invierno, con la sumidad a ras del suelo. Es posible multiplicar las plantas dividiendo las matas en otoño y en invierno, lo mismo que hacer el cultivo forzado en interior con plantas de dos años, quitándolas de la tierra cuando las hojas estén secas, en cajonera con mantillo, en un local a una temperatura que oscile entre los 10 y los 16 °C, manteniendo el sustrato húmedo.

Cuidados especiales: conviene llevar a cabo un abonado de cobertura y riegos regulares.

Recolección: debe hacerse cuando han transcurrido aproximadamente dos años después de la siembra.

Sandía

Es una planta anual, de ciclo estival, originaria del África tropical y meridional, que pertenece a la familia de las cucurbitáceas. Tiene tallo herbáceo y hojas lobuladas. Su fruto es esférico, de pulpa rosa azucarada, piel lisa y verde, con o sin nervaduras más oscuras o más claras.

Siembra: suele hacerse en el mes de abril en un suelo bien trabajado, en hoyos de unos 30 cm de profundidad y a una distancia aproximada de 2 m.

Cuidados especiales: se debe abonar con estiércol mezclado con mantillo. Hay que hacer un primer aporcado dejando dos plantas por agujero y un segundo después de una semana, dejando una sola planta por agujero. Son convenientes los riegos abundantes y las escardas. Cuando los frutos estén desarrollados, deben girarse poniendo el pedúnculo hacia arriba y continuando así para que maduren de un modo uniforme.

Recolección: debe hacerse dos meses después de la siembra.

Parásitos y enfermedades: pueden sufrir ataques de hongos que se combaten con caldo bordelés. Los insectos se combaten con ésteres fosfóricos, lejos del periodo de la cosecha.

Variedades. Son las siguientes:

— catalana común: de forma redondeada, gran tamaño y color rojo intenso;
— valenciana común: parecida a la anterior, de semillas negras más pequeñas;
— Klondi XI: de origen americano, forma oval, color rojo y semillas pequeñas.

Soja

Llamada también *judía china,* es una hierba anual en forma de mata, originaria de China, perteneciente a la familia de las fabáceas, de vaina vellosa, flores verdosas o lilas, y semillas de las que se extrae aceite. Las vainas se consumen como las judías secas y las semillas como las judías frescas.

Suelo: debe ser suelto y fértil.

Siembra: es directa en primavera, en surcos separados 30 cm y de 4 cm de profundidad.

Cuidados especiales: los mismos que para las judías.

Recolección: como las judías.

Parásitos y enfermedades: los mismos que las judías.

Tomate

Es una planta anual de la familia de las solanáceas, trepadora, de origen americano, cuyo fruto es una gran baya jugosa de color rojo más o menos brillante. Su cultivo en nuestro país tiene gran importancia. Se consume fresco, concentrado, pelado y en forma de zumo. Asimismo, lo hay de mesa, de cocina, de conserva, de zumo, de pelar, de conservación en estado natural para el invierno. El tomate es rico en sales minerales, en vitaminas A, B, C, D y en ácidos orgánicos. Debe consumirse maduro y tiene propiedades digestivas, diuréticas y desintoxicantes.

Suelo para cada variedad: debe ser fértil y fresco, profundamente roturado y desmenuzado, con sustrato blando y tratado para prevenir las enfermedades criptogámicas.

Cultivo: puede ser ordinario, anticipado en invernadero frío al aire libre, retardado al aire libre o en invernadero o bien invernal en invernadero caliente.

Cultivo ordinario: se siembra en plena tierra, en pequeños surcos a intervalos de 1 m o en hoyos distantes a 40 cm. También puede sembrarse en semillero.

Cultivo anticipado e invernal al aire libre y en invernadero frío: se efectúa en zonas en las que la temperatura no baja nunca de los 0 °C o en surcos protegidos con cobertizos de caña. Cuando las plantitas despunten, se procederá como en el cultivo ordinario. También puede recurrirse al semillero, en un cajonera cubierta con trasplante en febrero.

Cuidados especiales: si es directa, debe practicarse el aporcado cuando aparezcan dos hojitas, dejando dos plantitas cada 40 cm.

Al cabo de veinte días vuelve a hacerse un nuevo aporcado y se realizan varias escardas. Si es en semillero, se abona con mantillo y productos a base de fósforo y de potasio y se practican varias escardas.

Los tomates que pueden conservarse pelados, deben atarse a tutores de madera con alambre. En las calidades de mesa es necesario el desmochado. Son convenientes los riegos y las irrigaciones contra las enfermedades criptogámicas.

Cultivo invernal en invernadero caliente: debe hacerse en cajonera o en invernadero caliente tapado con plástico en épocas que varían según la variedad y la zona de cultivo (de octubre a febrero), en surcos de 2 cm, cubiertos con mantillo ligero.

Trasplante: deben llevarse las plantitas a otra cajonera o invernadero dejando entre ellas una distancia de 10 o 12 cm.

Cuidados especiales: debe procederse al aclareo después de quince días. Después de la aparición del primer ramo de flores deben trasplantarse.

Cultivo al aire libre y en invernadero: deben trasplantarse a su lugar definitivo entre junio y julio.

Cuidados especiales: deben practicarse el aporcado y otros cuidados relativos al cultivo ordinario.

Parásitos y enfermedades: una de las más frecuentes es la peronospora, que se presenta con manchas oscuras amarillentas en la parte superior de las hojas y que se combate con irrigaciones de sulfato de cobre al 1 %.

Entre los insectos, el más común es el alacrán cebollero, que se combate con cebos envenenados.

Recolección: debe cosecharse a medida que el fruto está maduro, tanto para el consumo como para la conservación. Sin embargo, cuando la vegetación no es interrumpida, del corte del tallo principal se recogen, antes de las primeras heladas, los frutos verdes que no han tenido tiempo de madurar, y se conservan en vinagre como los pepinos, también se puede extirpar el pie entero antes de los fríos rigurosos y colgar el fruto en lugar seco y ventilado donde madurará poco a poco hasta diciembre.

Variedades. Son las siguientes:

Variedad de colgar de invierno:
— de colgar: diversas variedades tardías de tamaño diferente; se cuelgan en racimos enteros;
— de Prato: frutos esféricos del tamaño de una cereza.

Variedades para ensalada:
— Martiande, o tomate de Holanda, y San Pedro: se siembra entre enero y febrero en lecho caliente y en semillero en marzo y abril; se aclara y se trasplanta en marzo y abril. Se cosecha a partir de mayo.

Variedades de conserva:
— Pero, Montserrat y San Marzano: se siembra en cajonera, bajo cristal, durante marzo y abril; se aclara en el semillero durante abril y mayo, se trasplanta en mayo y se cosecha a partir de junio y julio.

Variedades para cocina:
— Pometa, Tres Cantos y Corazón de buey: es de producción tardía; se siembra a finales de abril en semillero; se trasplanta y aclara a finales de abril y se cosecha en septiembre.

Tomillo

Es una planta vivaz de la familia de las lamiáceas, aromática y de flores de color rosa. En la Antigüedad, estaba consagrada a Marte y a Venus. Rica en principios activos, tiene propiedades tónicas y estimulantes. De ella se obtiene una infusión contra la tos, y se emplea en la cocina para enriquecer el sabor de algunos platos.

Suelo: debe ser calcáreo y ligero.

Siembra: debe hacerse en semillero de abril a junio.

Trasplante: debe hacerse cuando hayan pasado sesenta días de la siembra.

Cuidados especiales: se desmocha después de un mes para facilitar su desarrollo.

Topinambo o pataca

Es una planta de origen americano perteneciente a la familia de las asteráceas. Se consumen los tubérculos, cocidos de diversas formas y su sabor es muy parecido al de la alcachofa.

Plantación: se realiza a partir de marzo en líneas de 40 o 50 cm de separación, enterrando los tubérculos a 10 cm de profundidad y a intervalos de 30 cm; la distancia a lo largo de los surcos debe ser de 1 m. Empieza en noviembre y continúa hasta finales de marzo.

Suelo: es preferible que no sea húmedo.

Cuidados especiales: se abona en otoño; debe regarse inmediatamente después de la plantación y durante el desarrollo. Es necesario desmocharlo antes de la floración.

Recolección: suele ser entre octubre y noviembre. Los tubérculos se extraen más tarde, ya que son más sabrosos cuanto más tiempo están bajo tierra, por lo que se procederá a recogerlos a medida que se vayan consumiendo. Es necesario conservar los más pequeños para la plantación del año siguiente.

Parásitos y enfermedades: los insectos más voraces son el alacrán cebollero y los gusanos blancos. Por otra parte, la dorífera es una enfermedad que causa graves daños.

Toronjil

Es una planta aromática perteneciente a la familia de las lamiáceas. Se cultiva en maceta o en plena tierra, cubriendo el suelo con hojas secas o paja, y se emplea para aromatizar macedonias, bebidas y cremas.

Trufa

Es un hongo subterráneo de la familia de los ascomicetos, perteneciente al orden de los tuberales. Vive bajo tierra en simbiosis con alguna especie arbórea (la trufa negra crece junto a la encina, y la blanca, junto al tilo y el álamo). En algunos países crece espontáneamente, pero si se quiere cultivar es necesario preparar una trufera.

Suelo: debe ser algo calizo, un poco rocoso, no muy expuesto al sol y permeable. Se plantan plantitas de encina trufera en hoyos de 70 cm de lado y 70 cm de profundidad, a una distancia de 8 o 10 cm en todos los sentidos, en una fosa de 70 o 90 cm.

Siembra: puede efectuarse en semillero, para trasplantarlas después directamente. Tanto la siembra como la plantación deben hacerse en primavera.

Cuidados especiales: hay que abonarlas con sustancias ricas en residuos azucarados y preparar ligeras escardas.

Recolección: después de diez u once años.

Uva

Es el fruto de la vid, arbusto de la familia de las vitáceas, de ramas trepadoras, más gruesas en los nudos, hojas palmadas, flores verdes en racimo y fruto en baya carnosa. Consumida como fruta o convertida en vino desde tiempos remotos, fue introducida en Europa por los romanos. Tanto la uva de mesa como la uva de vino pueden cultivarse en el huerto, pero con distintos métodos. En efecto, existen:

— vid baja: arbolito o espaldera;
— vid alta: enrollada a un árbol;
— vid medio-alta: pérgola o espaldera.

La más adecuada para ser cultivada en un huerto es la vid alta, enrollada a un árbol que debe ser de madera ligera (abedul o álamo).

Plantación: un mes antes de la plantación, que puede hacerse en primavera o en otoño, se excava una fosa de 1 m aproximadamente, en cuyo fondo se pone arena mezclada con estiércol y mantillo, tapando después las plantas con mantillo fino.

Transcurrido un año de la plantación definitiva, se tendrá el primer sarmiento, destinado a convertirse en la futura cepa de la vid sobre la que crecerán las primeras ramificaciones de fruto. Después del primer año de la plantación definitiva, se extirpan casi todos los sarmientos, dejando sólo uno o dos. Después de dos años se cortan dos sarmientos a lo ancho. Después de tres, se dejan en las ramas principales y en las laterales más fuertes. Los sarmientos deben atarse a sostenes de mimbre. Las podas pueden hacerse de mayo en adelante.

Cuidados especiales: además de la lucha contra los insectos y las enfermedades criptogámicas, debe podarse durante el periodo de reposo de la planta.

Recolección: a partir del mes de agosto y hasta bien adentrado el mes de noviembre.

Parásitos y enfermedades: los insectos más frecuentes son las avispas y las arañas amarillas y rojas que cubren las hojas con una telaraña especial; las enfermedades más comunes son la peronospora, el moho gris, el oídium.

Conviene efectuar repetidos tratamientos anticriptogámicos durante todo el año.

Variedades: son bastante numerosas y pueden ser precoces, de maduración normal, tardía, retrasada, bastante tardía, por lo que es aconsejable escoger según la región y el clima en los que debe plantarse la vid.

Uva espina

Es un arbusto de la familia de las saxifragáceas, de ramas lisas y bayas amarillentas y acídulas, que se emplea en la fabricación de gelatinas y en pastelería.

Plantación: debe realizarse en otoño, en posición de semisombra, y en un lugar bien resguardado del viento, procurando que entre las plantitas medien unos 50 cm.

Cuidados especiales: poda, abonados a finales de febrero (abonos complejos con alto grado de potasio) y riegos abundantes, especialmente en verano.

Parásitos y enfermedades: los afídidos y la roya que se combate con productos a base de sulfato cúprico, evitando hacerlo durante el periodo de floración.

Valerianela de huerta

Es una hortaliza anual perteneciente a la familia de las valerianáceas, de pequeñas flores de color azul ceniza. En primavera, se recogen los rosetones foliares y se comen en ensalada.

Siembra: a voleo, desde agosto hasta octubre.

Cuidados especiales: aporcado, poniendo las plantitas a 15 cm de distancia unas de otras.

Recolección: después de dos meses de la siembra.

Verdolaga

Es una planta herbácea, bastante extendida, perteneciente a la familia de las portulacáceas, de pequeñas flores de color amarillo y hojas carnosas. Se come en ensalada, como el berro; también se añade a diversos platos y salsas.

Suelo: debe estar bien abonado.

Siembra: se realiza desde la primavera hasta el verano, en líneas separadas unos 20 cm unas de otras.

Cuidados especiales: después del trasplante se procede a regar, escardar y a practicar un ligero recalce.

Recolección: suele hacerse entre octubre y noviembre.

Zanahoria

Es una planta originaria de Asia Central, perteneciente a la familia de las apiáceas, rica en vitamina A y carotina. Sólo se come la parte enterrada; se usa bastante en la industria conservera y para la extracción de la carotina; en algunos países como Francia y Bélgica, se cultiva la calidad de raíz enorme para forraje. Su producción puede ser de ciclo *brevísimo,* adaptada al cultivo bajo protección bajo abrigo; *breve,* adaptada al cultivo primaveral y *largo,* adaptada al cultivo estival y otoñal y otoñal e invernal.

Suelo: debe ser suelto, fresco, fértil y con un pH inferior a 6,5.

Siembra: se efectúa en épocas diversas:

— en octubre: en cajonera caliente o no; se cosecha en enero;
— en diciembre: en lecho caliente y resguardada; se cosecha en abril;
— en enero: en tierra y a voleo; se cosecha entre abril y mayo;
— entre febrero y marzo: en líneas separadas unos 15 o 20 cm; se cosecha entre mayo y junio.

Cuidados especiales: es preciso efectuar el aporcado treinta días después de la siembra, dejando 6 u 8 plantitas en la línea. Conviene cuidar especialmente las variedades sembradas a voleo. Los riegos deben ser frecuentes, especialmente en el cultivo de verano. Si el suelo es pesado, hay que labrarlo en profundidad. El abonado debe hacerse periódicamente.

Recolección: debe ser escalonada. Se efectúa arrancando las raíces o excavando el suelo con una pala si estas fuesen muy largas. En invierno, las raíces se conservan en la tierra, tapándolas con paja. Antes de guardarlas, se limpian, pero sin lavarlas.

Parásitos y enfermedades: la peronospora, que marchita las raíces, se combate con compuestos a base de cobre. Entre los insectos la mosca de la zanahoria se combate con insecticidas de contacto.

Variedades. Son las siguientes:

— rojas cortas: la *Parisina* es de cultivo forzado, ciclo brevísimo y raíz corta; la *roja devantura* tiene la raíz casi esférica; la *roja temprana de Holanda,* con una raíz aguda un poco más larga que ancha, es la mejor para el cultivo primaveral;
— medianas: la *precoz de Guérande* es de raíz no muy gruesa, pulpa roja y sin corazón; la *medio larga de Nantes,* que puede cultivarse en cualquier estación, tiene una raíz cilíndrica sin corazón;
— medio larga de Carentán: es de raíz fina y sin corazón, requiere suelo ligero y fértil;
— largas: la *gigante Flakkee* es de raíz voluminosa y puntiaguda. La *San Valerio* es de gran longitud;
— amarilla: es muy poco conocida; se emplea para la extracción de una sustancia con la que se colorea la mantequilla;
— blancas: se usan como forraje;
— violetas: se cultivan en países cálidos como Egipto; son de color amarillo en el centro y violeta en la parte externa.

TABLA RESUMEN DEL CALENDARIO DEL HORTICULTOR

Mes	Siembra, plantación o trasplante	Recolección	Labores
Enero	Zonas húmedas y calientes: en cajonera. En plena tierra: cebollas, lechugas, espinacas, perejil, acelgas. Zonas frías: en cajonera: cebollas, endibias. En plena tierra: espinacas, guisantes, acelgas, ajos, coliflor.	Coles, zanahorias, achicorias, coles de Bruselas, hinojo y acelgas de penca.	Se preparan los tutores para sostener las plantas trepadoras. Se pasa el azadón y se organizan los senderos para la siembra que se efectuará en marzo.
Febrero	En lecho caliente: tomates, pimientos, berenjenas, basilisco, rábanos. En semillero: acelgas de penca y endibias. En plena tierra: perejil, apio, zanahorias, espinacas, acelgas, guisantes, pimientos, ajo.	Coles, espinacas, ensaladas y zanahorias.	Se airea el túnel de cobertura. Se pasa el azadón. Se preparan los semilleros. Se podan los árboles frutales. Se recalzan los guisantes y las habas. Se plantan los pies de espárragos.
Marzo	En cajonera con cristal: hinojos, coles, pepinos, judías, calabacines, endibias, cebollas. En plena tierra: calabazas, rábanos, ensaladas, patatas, ajo, zanahorias, espinacas, guisantes. Se trasplantan las hortalizas sembradas en otoño. Se preparan los esquejes para la reproducción de las plantas aromáticas. Se plantan los tubérculos de las patatas precoces.	Raíces (zanahorias, nabos, rábanos, remolachas, chirivías, apio, col, rábano, coles y achicorias).	Se revisan las herramientas y se podan los árboles frutales. Se plantan las nuevas plantas de fruto. Se tapan los cultivos si vuelve a hacer frío.
Abril	Zanahorias, albahaca, judías, perejil, apio, remolachas. Hacia fin de mes se siembran o se trasplantan calabacines, judías, coles, apio, rábanos, pimientos, escorzonera, espinacas.	Zanahorias, ensaladas, rábanos, perejil, apio, cebollitas.	En caso de un subsuelo arcilloso, se remueve el suelo y se sustituye parcialmente con tierra de bosque mezclada con tierra común. Se trasplanta y se tapa con paja o capas de hojas secas. Se pasa el azadón, se recalza y se abona. Se riega por la mañana, sobre todo en los sembrados nuevos. Se planta la alcachofa.

Mes	Siembra, plantación o trasplante	Recolección	Labores
Mayo	Remolachas, endibias, escorzonera, pepinos, judías, calabacines, tomates, pimientos, berenjenas, zanahorias, coles, acelgas, apio, coles de Bruselas, rábanos, basilisco, cardos, espinacas, calabazas.	Ensaladas, guisantes, apio, perejil, acelga de tallo, ajo, coles, rábanos, zanahorias.	Se pasa el azadón y el rastrillo. Se abona la esparraguera, se aclara y se recalza. Hay que prevenir las enfermedades y los parásitos. Se desmochan los melones, las sandías y los pepinos. Se pone paja alrededor de las fresas para obtener frutos limpios. Hacia fin de mes, se riega, incluso por la tarde.
Junio	Escalonadamente: perejil, rábanos, cardos, coliflores, judías, calabacines, zanahorias. Se trasplantan: apios, coles, ensaladas, brécoles y espinacas.	Zanahorias, rábanos, apio, guisantes, judías, tomates, cebollitas	Insecticida contra la peronospora. Se riega por la mañana y por la tarde. Se arrancan las malas hierbas. Se recalzan las lechugas, las coles y los tomates. Se desmochan los melones, tomates, pepinos y berenjenas. Se cosechan las plantas aromáticas para guardarlas en botes de cristal.
Julio	Cebollas de verano, zanahorias, remolachas, col, repollo, acelgas de tallo, guisantes, nabos, coles de Bruselas, perejil, hinojo. Prosiguen los trasplantes en semillero.	Tomates, berenjenas, pimientos, zanahorias, col, berza, acelgas de hoja, judías, habichuelas, calabazas, calabacines, pepinos, patatas.	Se trasplantan las fresas. Se cosechan las semillas para hacerlas secar; se abona; fin de la siembra, excepto para las hierbas aromáticas y los rábanos. Se aplican los insecticidas.
Agosto	Cebollas de verano, rábanos, escorzonera, acelgas de tallo, coles de primavera, hinojos. Se trasplantan apios, puerros y cardos.	Tomates, berenjenas, pimientos, zanahorias, col, berza, acelgas de tallo, judías, habichuelas, calabazas, calabacines, pepinos, patatas. Es el mes de la fruta.	Se aplican insecticidas y se abonan los bancales vacíos. Fin de la siembra, excepto de las plantas aromáticas y los rábanos.

Mes	Siembra, plantación o trasplante	Recolección	Labores
Septiembre	Espinacas, zanahorias, rábanos, remolachas, nabos, cebollas, hinojos, endibias, perejil, acelgas de tallo, achicorias. Se trasplantan las coles.	Berenjenas, tomates, pepinos, calabacines, judías, habichuelas, acelgas, pimientos, calabazas, apio, perejil, zanahorias, coles.	Se limpian los senderos, se recogen las hojas que se habían acumulado en el ángulo destinado al mantillo. Se pasa el azadón, se recalzan los cardos, los apios y las endibias. Se ligan las plantas que se deban blanquear. Se abonan los cardos y las coliflores.
Octubre	Se plantan la alcachofa y los pequeños bulbos del ajo. Se trasplantan las cebollas, escarolas, coles y achicorias.	Calabacines, calabazas, tomates, acelgas, judías y habichuelas, zanahorias, lechugas, tomates, puerros.	Se cosechan las frutas y las hortalizas. Se rastrillan las hojas. Se desmontan los lechos calientes, mezclando el estiércol con el mantillo para preparar nuevos senderos; se extirpan las plantas enfermas; se ordenan las herramientas. Última adición de mantillo.
Noviembre	Ajo, espinacas, achicorias, habas, guisantes. Se multiplican las alcachofas.	Verduras blanqueadas y, además, cardos, acelgas, achicorias, zanahorias, coles, hinojos, perejil, espinacas, apio.	Se limpian y arreglan los locales donde se guardan las herramientas; se recalzan los apios, los cardos, los hinojos y las endibias. Se protegen las hortalizas con capas de paja.
Diciembre	En los nuevos lechos calientes: lechugas, achicorias, habas. Se ponen a blanquear las lechugas.	Coles brécol, coles repollo, coles berza, coles de Bruselas, achicorias, apio, acelgas, cardos, endibias, espinacas, hinojos.	Se limpian las herramientas y se eligen las semillas que quieran comprarse. Se preparan los nuevos lechos. Se azadonea el suelo arcilloso. Se blanquean las hortalizas que lo necesiten. Se plantan directamente las plantas aromáticas y los frutales; se protegen con turba y paja los frutales que soportan el hielo.

Algunas nociones de climatología

El clima de un país se puede definir como la sucesión ordinaria de los estados de la atmósfera, la cual se caracteriza por los valores medios anuales de los distintos agentes meteorológicos, de las variaciones diurnas mensuales, anuales y por los valores alcanzados en dicho periodo.

Según las combinaciones de los factores relativos al clima local, el clima de una zona puede ser más o menos constante, con variaciones de una parte a otra.

Algunas regiones limitadas, después, se caracterizan por microclimas, debidos a los elementos ambientales y topográficos. Y precisamente son estos microclimas los que permiten cultivar, en determinadas regiones, hortalizas que en otra región no podrían sobrevivir.

El clima que afecta a las plantas se llama *atmosférico*.

En España el clima es muy variable, depende de la distribución de la lluvia que es muy irregular, debido a la abundancia de montañas, valles y mesetas y a su distinta orientación.

Se pueden distinguir dos grandes zonas:

— la España húmeda al norte de la cordillera Cantábrica y zonas del prepirineo;
— la España seca, que es el resto.

Atendiendo al clima en la clasificación regional de España se pueden considerar las siguientes grandes zonas climáticas:

• *Región norte:* de clima atlántico, comprende Galicia, Asturias, Cantabria, Euskadi, norte de Navarra, Aragón y Cataluña. Las precipitaciones llegan a un total de hasta 1.500 m³. La elevada pluviosidad hace innecesario el regadío. Por lo general, las temperaturas son suaves con poca oscilación térmica, salvo en las zonas montañosas, donde las temperaturas son más frías y la oscilación anual es mayor.

• *Región central:* comprende las dos mesetas. Se caracteriza por los fuertes contrastes de temperatura, sus largos y fríos inviernos, y sus cálidos, aunque cortos, veranos. La insolación es muy grande y la lluvia inferior a los 500 m³ anuales.

• *Cuenca del Ebro:* comprende La Rioja, Aragón y la parte media de Navarra. Tiene veranos largos y altas temperaturas, la insolación es grande y la pluviosidad escasa. Los inviernos son fríos, debidos al cierzo, y las lluvias poco abundantes (unos 500 m³ anuales) a causa de los vientos húmedos de origen mediterráneo.

• *Andalucía:* pueden considerarse dos regiones: la cuenca del Guadalquivir, de lluvias bastante abundantes en tres estaciones. El invierno es suave, con pocos días de helada, y el verano seco y muy caluroso. La otra región, comprendida entre el Mediterráneo y Sierra Nevada, abarca las provincias de Almería y parte de las de Málaga y Granada. Es la zona más cálida de España,con una insolación muy abundante y lluvias muy escasas; a pesar de ser árida, las zonas que pueden irrigarse son de gran fertilidad.

• *Región mediterránea:* Cataluña, Valencia, Murcia y Baleares; es de clima templado, sin grandes contrastes de temperatura, lluvias escasas y de carácter torrencial, especialmente en los equinoccios de primavera y otoño; los inviernos son húmedos, los veranos secos y de fuerte insolación, lo que hace que, donde pueda regarse, sea una región de gran fertilidad.

Glosario

Aclarado: en la siembra en hoyo, consiste en la eliminación de las plantitas que sobran; en la siembra en líneas o a voleo, en cambio, consiste en separar las plantitas que se han desarrollado demasiado juntas.

Aclarado de la alcachofa: operación que sólo se efectúa en las alcachofas y que consiste en arrancar los hijuelos o retoños (brotes laterales que crecen en el cuello de algunas plantas).

Blanqueo: se efectúa en las partes verdes de la planta (principalmente en las hojas) a las que se priva de luz, lo cual impide la formación de la clorofila, a fin de obtener hortalizas tiernas y blanquísimas.

Caldo bordelés: fungicida que se emplea en la irrigación, sobre todo contra la peronospora de la patata, a base de sulfato de cobre neutralizado con cal.

Compost: materiales vegetales (paja, hojas secas, residuos de la cocina) fermentados y descompuestos, que sirven para abonar en sustitución del mantillo.

Criptogámico: término que se refiere a hongos microscópicos que causan enfermedades parasitarias.

Cultivo intensivo: consiste en explotar al máximo un huerto sembrado, trasplantando las hortalizas ya desarrolladas.

Desherbado: consiste en eliminar las malas hierbas de la tierra. Esta operación se efectúa manualmente o con productos que pueden adquirirse en los comercios especializados o en las cooperativas agrícolas.

Desmochado: eliminación de los brotes laterales de una planta para favorecer el desarrollo de las partes inferiores.

Eliminación de yemas: operación que consiste en la eliminación de las yemas laterales que nacen en la axila de las hojas.

Empajado: se tapa la tierra a fin de impedir el exceso de evaporación y el crecimiento de las malas hierbas. En algunos casos, como en el de la fresa, impide que se ensucien los frutos.

Estolones: ramas finas a lo largo de las cuales se forman hojas y raíces. Es posible la multiplicación, por medio de estolones, de las plantas estoloníferas, como las fresas.

Fertilizantes: sustancias que pueden adquirirse en las tiendas especializadas y en las cooperativas agrícolas para alimentar las plantas.

Hidropónico, cultivo: método de producción de plantas en agua o en un sustrato del que extraen el alimento que necesitan en forma de sales minerales.

Permeable o suelto, suelo: es un suelo blando que se trabaja fácilmente o que apenas ha sido trabajado.

pH: potencial de hidrógeno del suelo. Si el suelo tiene un alto potencial de hidrógeno es ácido; si dicho potencial es escaso, el suelo es alcalino. Así pues, el pH sirve para aclarar si una tierra es ácida (pH inferior a 7), neutra (pH igual a 7) o alcalina (pH superior a 7).

Plantación intermedia: operación que consiste en trasplantar a las plantitas nacidas de semillas, quitándolas del semillero y volviéndolas a plantar a más profundidad para impedir la transpiración de las hojas. Antes de hacer esta operación, se quita la extremidad de la raíz a fin de reforzar el sistema radical y de aumentar la absorción de las sustancias nutritivas del suelo.

Plantel: planta de fruto de uno o dos años, preparada para el trasplante definitivo.

Recalce: operación que consiste en poner tierra alrededor del pie de la planta.

Recolección escalonada: resultado de una siembra progresiva, hecha cada veinte días, que permite disponer siempre del producto fresco.

Rotación: práctica que permite explotar, al máximo, la fertilidad del suelo, disminuyendo los riesgos de enfermedad.

Siembra escalonada: consiste en sembrar cada veinte días para recoger en los mismos intervalos de tiempo el producto (véase *recolección escalonada*).

Túnel: refugio construido con armazones de hierro o tubos flexibles de plástico colocados uno detrás de otro a lo largo de las hileras de las plantas que se quieran proteger, clavando la extremidad en la tierra para formar un arco. En esta base se adapta la cubierta, una lámina de polietileno o PVC, con o sin agujeros, de color o incoloro.

Voleo: método de siembra que consiste en distribuir las semillas esparciéndolas al aire (a mano o a máquina).